U0555815

2023年哈尔滨市社科联学术著作出版资助项目

WANGLUO SHEHUI
ZHILI YANJIU

网络社会
治理研究

潘思雨 著

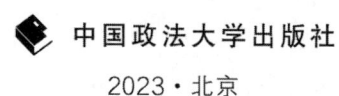

中国政法大学出版社
2023·北京

声　明　　1. 版权所有，侵权必究。

　　　　　2. 如有缺页、倒装问题，由出版社负责退换。

图书在版编目（CIP）数据

网络社会治理研究/潘思雨著.—北京：中国政法大学出版社，2023.12
ISBN 978-7-5764-1298-7

Ⅰ.①网… Ⅱ.①潘… Ⅲ.①互联网络－社会管理－研究－中国 Ⅳ.①C916②TP393.4

中国国家版本馆 CIP 数据核字(2024)第 018727 号

出 版 者	中国政法大学出版社
地　　址	北京市海淀区西土城路 25 号
邮寄地址	北京 100088 信箱 8034 分箱　邮编 100088
网　　址	http://www.cuplpress.com（网络实名：中国政法大学出版社）
电　　话	010-58908285(总编室) 58908433（编辑部）58908334(邮购部)
承　　印	北京鑫海金澳胶印有限公司
开　　本	880mm×1230 mm　1/32
印　　张	7.125
字　　数	167 千字
版　　次	2023 年 12 月第 1 版
印　　次	2023 年 12 月第 1 次印刷
定　　价	35.00 元

前 言

随着信息化时代的到来,计算机以及互联网逐渐融入人们日常的学习、生活以及工作当中,与此同时,工业化时代模式也逐渐被计算机网络时代所打破。如今,不管是计算机技术还是网络通信技术,都以突飞猛进的势头占据人类社会的各个方面,这一发展给人类的生活带来了翻天覆地的变化,而且受到影响的不仅仅是物质层面,更重要的是对精神层面的影响也颇大。面对这一变化,人们首先要做到对所发生的变化有深刻的理解以及清醒的认知。

人类的生活随着大数据时代的普及而发生了巨大的变化,大数据让人们在多个方面感受到了诸多便利,而网络社会是把双刃剑,提供便利的同时也带来了一些负面的影响,这对网络社会的治理来说,也是不小的挑战。网络作为信息共享平台,涉及范围广以及内容繁多复杂是它的主要特征,因此人们在享受网络带来便利的同时也要保持优秀的网络自律品质。目前,网络社会所面临最大的问题便是网络犯罪,网络犯罪严重危害了网络安全,尤其是网络暴力现象一直处于不断增长的趋势,网络暴力远比人们想象的要严重得多,作为现实暴力在网络上的延伸,它给人们造成的伤害并不低于社会暴力。人们要想更好地享受网络社会所带来便利,那么就要从约束自身做起,保持客观、理性的态度来面对网络社会。

本书主体共分为八个章节，从网络社会产生基础到网络社会所包含的特征以及管理与组织等方面进行了深入的分析，更加明确网络社会文化所呈现的特征以及功能和影响，面对网络社会，人们应当怎样更好地利用，面对虚拟网络中所存在的风险如何更好地处理，达到网络社会长治久安的目的。本书针对网络暴力以及网络舆情，从形成的原因、传播途径以及应对策略等方面进行了分析，让人们能够对网络社会有一个更加清晰的认知。要想在网络社会中保证安全，人们需要认识到网络安全的严峻性和急迫性，学习科学、规范地使用网络，不断提升自身网络安全意识和技能，并且自觉遵守网络相关的法律法规，强化自身的综合素质以及与其他人交流时的安全意识。只有通过全方位的安全防护体系，我们才能在网络社会中安全地生活、劳动和学习。

目 录

第一章 网络社会概述 …………………………………… 001
  第一节 网络社会的崛起 …………………………………… 001
  第二节 网络社会产生的技术基础 ………………………… 006
  第三节 网络社会产生的社会基础 ………………………… 010

第二章 网络社会分析 …………………………………… 017
  第一节 网络社会的特征 …………………………………… 017
  第二节 网络社会对现实社会的虚拟与重塑 ……………… 022
  第三节 网络社会的运行机理 ……………………………… 034
  第四节 网络社会的组织与管理 …………………………… 040

第三章 网络社会文化 …………………………………… 047
  第一节 网络社会文化的特征 ……………………………… 047
  第二节 网络社会文化的区分 ……………………………… 057
  第三节 网络社会文化的功能与影响 ……………………… 066

第四章 网络秩序的规范 ………………………………… 072
  第一节 网络伦理的理论分析 ……………………………… 072
  第二节 网络伦理的规范及其原则 ………………………… 088

第三节　网络道德的自律和他律 …………………………… 093

第五章　网络社会安全的维护和调控策略 ………………… 111
　　第一节　虚拟社会中网络安全概述 …………………………… 111
　　第二节　虚拟社会中网络安全问题的类型 …………………… 118
　　第三节　虚拟社会中网络安全问题的危害 …………………… 125
　　第四节　提高网络安全防范与处理能力 ……………………… 132
　　第五节　建立网络社会安全治理长效机制 …………………… 143

第六章　网络社会下的舆情治理 …………………………… 149
　　第一节　网络舆情概述 ………………………………………… 149
　　第二节　我国网络舆情现状及面临的问题 …………………… 161
　　第三节　网络舆情传播途径及特征 …………………………… 165
　　第四节　网络舆情事件成因与治理模式 ……………………… 174
　　第五节　网络舆情事件处置与应对策略 ……………………… 177

第七章　网络社会下的语言暴力治理 ……………………… 184
　　第一节　网络语言暴力概述 …………………………………… 184
　　第二节　网络语言暴力的原因及影响 ………………………… 186
　　第三节　网络语言暴力的传播特征及传播效果分析 ………… 190
　　第四节　网络语言暴力的治理策略 …………………………… 191

第八章　网络社会下虚拟社区和虚拟社群的管理研究 …… 198
　　第一节　虚拟社区和虚拟社群概述 …………………………… 198
　　第二节　虚拟社区和虚拟社群现状与面临的问题 …………… 204
　　第三节　虚拟社区和虚拟社群发展的制约因素与管理策略 … 208

参考文献 ……………………………………………………… 213

第一章

网络社会概述

第一节 网络社会的崛起

在20世纪中期,关于计算机的发展历史与同时期的半部科技史几乎相等,人类的进步主要是以能力为核心基础,并将其转变为以信息为核心。回忆计算机信息化的发展历程,大约可以将从单机应用到大规模智能化的发展历程分成三个阶段。第一阶段,就是从20世纪40年代世界上第一台电子计算机出现到20世纪80年代之前,这一阶段的电子计算机体积相对较大、能量消耗大,并且生产成本相对较高,所以,只应用于科学探索、气象、国防等领域中。第二阶段,即20世纪80年代,随着科技的不断进步,个人计算机被广泛地应用,计算机行业开始迎来了第一次浪潮,这一阶段,主要是以单机应用为特征的数字化阶段,信息技术神秘的面纱逐渐被揭开,开始应用到各行业中。第三阶段,是从20世纪90年代中期开始,主要是以美国提出的"信息高速公路"为基础开始,互联网开始逐渐被大范围地商用,从此,计算机行业迎来了第二次浪潮,其主要特征就是对于互联网的广泛应用。目前,第三次浪潮正迎面袭来,正式开始了以数据深挖与融合的应用为核心基础的智能化模式。

互联网在早期被叫作ARPA网(全称叫作ARPANET,中文译为阿帕网),ARPANET是美国高级研究计划署的简称

（ARPA）以及网络的简称（NET）两者的结合，同时，还是互联网的前身。1969年，美国成功地完成了著名的"阿波罗"计划，此次计划的成功完成给整个世界带来了不小的轰动，同时，此次轰动所产生的影响是为了掩盖另一个极具震撼的事实，那就是与"阿波罗"登月计划同步完成的美国国防部高级研究计划署所资助的阿帕网开始运作。与现代的互联网相比，阿帕网虽然粗糙且稚嫩，但却是现代互联网技术的核心基础，还确定了互联网技术的发展方向以及发展格局。

互联网的诞生，标志着人类历史开启了新的篇章。同时，还诞生了一项非常重要的技术，为后来互联网技术的逐渐形成奠定了坚实的基础。这项技术就是TCP/IP协议，主要是网络计算机间的通信问题。网络的出现首先服务于军事和科研，随着通信计算机数量的增多，更多的人把网络当成沟通与交往的工具。一些企业已开始在这种新型的互联网上开展商务活动，由于网络的商业化，它在沟通、数据查询、服务等领域的巨大潜能得到了发掘，使网络完成了质的飞跃，并终于进入世界。

万维网的出现，将国际互联网发展历史分成了两个方向，这种新型的浏览方式，为现代化的信息技术创造出了一个信息、知识互相交换的新生态环境，同时，为国际互联网技术提供了诸多有利的因素，还打破了原本落后的思想传统。英国著名的计算机科学家蒂姆·伯纳斯·李（Tim Berners-Lee）被称为万维网之父，在他的辛勤努力下，一个资源共享、无中心、无限制条件、交换自由的新平台被发明出来。

1989年，那时的蒂姆还在欧洲著名的核子研究中心工作，就提出并设计出了万维网的构想。1990年11月12日，他与罗伯特·卡里奥（Robert Cailliau）合作，共同发表了有关万维网的技术性建议。紧接着，在同年的圣诞节期间，设计出了第一台万维网的浏览器以及网页服务器,并且,将其命名为World Wide Web,简称WWW。于次年5月正式亮相,随后在国际社会中引起了轩然大波。1993年4月30日欧洲核子研究中心通过不断的研究与完善,正式宣布将万维网推向全世界供人使用,从而帮助人类更快地进入网络时代。

作为万维网的创始人,蒂姆自己并没有将万维网的发明申请专利。曾经有人测算过,如果他当年申请了专利,如今他的身价将达到27.5万亿美元。但是如果万维网被申请专利,每个人使用它都要收取一定费用的话,互联网的世界可能会完全变成另外一个样子,很难想象是否还有今日的规模和广度。蒂姆坚持互联网技术发展的核心精神应该是消除边界、跨越壁垒、没有高墙、没有中心与权威,只有这样才能保持思想的多样性,才能适应新知识的多维、松散和彼此碰撞的网状结构,才能适应大数据时代的到来。[1]2012年夏季奥林匹克运动会开幕式上,蒂姆被特邀上台,用他当年写作万维网程序的一台NeXT计算机敲出了一行字"THIS IS FOR EVERY ONE"(为了每一个人)。蒂姆积极倡导互联网的自由和数据资料的开放,2012年,又与他人合作创建了英国开放数据研究所(ODI)。由于这些成就,他被授予查尔斯·斯塔克·德拉普尔奖,被《时代》周刊选为"20世纪最具影响力的100个人物"之一,被誉为"改变世界的人"。2007年6月13日,英国女王亲自授予他荣誉勋章,成为24位获奖人中唯一一位在世的人。

互联网在1980年到1990年的十年间获得了十分快速的发展,最初只有研究中心和大学才能使用互联网,但这十年让互联网更加广泛地普及开来,无论是私营企业、公共机构或实体,

---

[1] 参见罗昕:《网络社会治理研究:前沿与挑战》,暨南大学出版社2020年版,第54页。

还是个人用户，都能使用互联网，国家已经不能再对其进行控制管理，它包括数以亿计的用户、数以百万计的系统以及数以万计的子网，它已经成为世界上最大的计算机网络。计算机和互联网的大量应用，有助于加强人们工作的有效交流，进一步拓宽了人类协同任务、交互信息的规模，空间限制不再影响人们交流沟通与团结协作。政府和企业大力推广和应用互联网技术，加强不同地区间的信息交换和交流合作，实现了优化资源配置和完善业务流程的目标，明显提高了相关业务的服务质量以及工作效率。除了上述内容外，个人可以通过互联网找到许多志同道合的朋友，在网络上可以娱乐或学习、勇敢展现自我、加强朋友间的交流等。互联网的广泛普及和快速发展，加快了数据汇集速度和流通速度，数据资源数量呈现指数式上涨趋势，具备低价值密度、时效、多样、海量等特点。万维网的出现，从本质上对互联网起到了改变作用，这种改变不是从扩大互联网主要协议或基础设施方面入手，而是从展现一个全新的用法入手，对用户有着莫大的吸引力。人们在万维网出现以后，对互联网的认识发生了重大改变，即网络不再仅仅是传递信息的工具或简单的搜索工具，它的作用还包括展现某个人的个性、商店橱窗以及娱乐媒介等。万维网的出现和大量应用标志着真正的网络社会形成，同时提供了有利的媒介环境和技术基础。

1991年，"网络社会"的概念第一次出现，由荷兰社会学家狄杰克（Jan Van Dijk）最先提出；但第一个把网络社会当作结构性社会形态的是曼纽尔·卡斯特（Manuel Castells），他是美国著名的社会学家，并对此进行了深入研究。卡斯特出版了3本书籍，清楚地表达了对网络社会的看法，在这些出版的书中，卡斯特清楚且全方位叙述了网络社会中的各种关系以及结构，完美展现出网络社会美好的图景。

第一章 网络社会概述

卡斯特对网络概念提出了新的见解,他认为,网络技术为网络社会这种全新的社会结构打下了坚实基础,该社会是一个非常活跃的、足够开放的系统,在网络技术的持续发展和优化下,网络社会从一个目的性较强的工具变成庞大的互动空间,从专属于技术、军事以及政治方面,变成所有人都能使用,每个人在这个社会都自由且自私。[1]集结不同类型的互动关系就是网络节点存在的意义,有助于人们在网络社会快速发展中寻找新的归属感和栖息地,人们的社会、经济、文化、语言、空间以及时间都会对网络节点起到制约作用,长期发展下去,网络就会变成各种社会关系新的成长点以及载体。

当前社会经过了大大小小、各种各样的革命,技术一直在升级换代,从农业技术、工业技术、信息技术,到目前的网络技术,人们的社会关系不断被重塑和调整,并体现在新的社会环境中。人类主体性的自我延伸以及展现才是网络社会的内在中心,体现网络社会主导地位和网络技术主流化仅仅是外在要求。这个社会中的人不是"寄生"在工具上的理性生物,而是有真实思想的人。网络社会并没有否定技术的情感价值,它冲破原有的理性枷锁,为人们打造出了一个全新的交流空间,网络技术变成新的附着物。

卡斯特认为社会正在进行一场新的革命,即信息技术革命,意味着信息技术对当前社会的结构有着重塑的作用,社会结构会发生明显变化。这场革命和以往革命的不同之处在于其革命主题是信息处理和沟通技术。网络是信息技术发展的本质来源,它在社会结构化变迁中起到了引导作用,社会结构逐渐发生改变。信息技术革命是社会发展的必经之路,能通过网络把信息

---

[1] 参见刘少杰:《网络社会的结构变迁与演化趋势》,中国人民大学出版社2019年版,第24页。

时代的过程和支配性功能组织起来,网络创建了新的社会形态。这个新出现的社会可以叫作网络社会,其显著特点体现在其社会形态方面,从历史层面对其进行分析,发现网络社会可以表现出人类经验的性质变化。如果按照迂腐的社会学进行认知,那么发生的最基础社会行为,可以被看作文化和自然关系的变迁,代表目前的人类确实处于新纪元中。从任何角度对网络时代进行分析和研究,都能体现出信息技术引导社会发展、支配人类生活的作用,许多先进技术和交流工具都是从网络发展而来,这些对人们社会交往、语言表达方式、思维方式等起到约束作用。

互联网本质的规律性是互联互通,是人与人之间的信息直接交流。互联网本身经历了巨大变化,从历史来看,早期的互联网是一种静态网络,旨在在两个终端之间传送少量字节或短消息。那时的互联网是一个信息库,仅由专业编码人员发布和维护内容。然而在今天,海量信息经由互联网上传和下载,人人都是评论员、发行者和创作者。

第二节 网络社会产生的技术基础

一、信息技术基础

近20年来,信息处理技术和信息传输技术都取得了日新月异的发展。信息技术(IT)是指获取、传递、储存和处理数据的技术,包括硬件(计算机网络、服务器、存储设备与桌面计算机)、系统软件(操作系统、程序语言工具)以及应用软件等。信息技术中两项关键技术:一项是数字化技术,另一项是芯片及光纤技术。数字化技术就是用0和1两个数字编码来表达和传输一切信息的技术。它可以使信息以光速传递，由此人类社会从原子时代进入比特时代。芯片技术使数字化技术找到了物质载体，获得了物质依托，从而使超高运算成为可能。光导纤维通信使计算机得以联网，实现高速宽带通信。芯片技术的快速发展使微处理器性能不断更新，并服从摩尔定律（Moore's Law）：不增加任何成本，芯片能力每18个月翻一番。而在今天，人们每隔3个月~4个月就会看到一代新产品问世。微处理器速度一直以每5年增长10倍的速度发展。

信息处理技术的显著发展离不开性能优秀的计算机元器件，当前开发出的计算机元器件虽然体积持续缩小，但它的性能一直在增强。硬件技术的不断进步，大幅度提高了信息设备的处理能力，除此之外，设备的体积在不断缩小，价格方面明显降低，促进了相关设备的广泛普及。人们根本无法想象软件技术的发展速度究竟有多快，仅仅花费了几年时间就让计算机操作更加便利、界面越来越清楚、各软件功能愈加强大等。除此之外，计算机的发展趋势呈现综合化、集成化以及智能化，进一步提高了各个方面的性能，比如专家系统、决策支持系统、信息管理系统等。在先进数据库技术和网络技术的支持下，信息资源、软件以及硬件之间实现了快速便捷的共享，扩大了信息综合协同处理的范围。多媒体的出现和计算机技术的发展使得处理不同类型的多媒体信息成为现实，像一些声音、图片、文字等。长期发展后出现了超级媒体、超级文本等功能，人们收集信息速度更快、更便利。尤其是因特网的快速发展，可以让整个世界的计算机实现联机，打破了时间和空间限制，一步步实现了电子商务、协同制造、合作研究、远程医疗、远程教育等。

通信技术也取得了很大的进步，像光缆通信和铜缆通信、无线通信和有线通信、卫星通信和地面通信等，都属于物理信道方面的通信方式和技术，技术明显得到了加强。现代通信信道的主要特点有大容量、高速以及宽带，立足于数字化技术，通过ISDN、DDN等途径，快速便捷地完成各种信息的传输任务。越来越多的技术达到了成熟阶段，比如异步交换技术、分组交换技术以及程控交换技术等，不仅能显著降低通信成本，还大大提高了信道复用率。计算机网络技术和通信技术的强强联合，让各种资源的使用效率得到大大提高，无论是信息资源，还是软件以及硬件资源，都可以被合理配置并使用，开辟了人类使用信息的新时期。

二、互联网的产生

信息技术的发展史上有过不少革命，这些革命能大致分成两个阶段，即信息时代和后信息时代。第一个阶段指的是个人电脑的广泛应用时期，在信息技术发展方面贡献了重要力量；第二个阶段指的是Internet不断普及和发展时期，也就是常说的网络时代，在这个时代中，网络技术在IT行业的使用范围在不断扩大，渐渐取代了电脑技术的地位，很多人都没有想到Internet的发展速度会如此快。

美苏冷战时期产生了Internet。美国为了确保国家在此之后依旧有生存下去的能力以及发起反击的力量，认为设计出分散式的指挥系统十分有必要，该系统的构成是一个个零星指挥点，即便有个别指挥点被破坏，其他指挥点也不会受到影响，且可以进行正常的沟通交流。所以当时的美国国防部高级研究计划署在1969年的时候对一个叫作"阿帕网"的网络进行了赞助，这个网络已经能把一定范围内的计算机进行连接，比如盐湖城的犹他州立大学、圣塔芭芭拉的斯坦福大学和加利福尼亚大学分校、洛杉矶的加利福尼亚大学分校都包括在内。"阿帕网"是 Internet 最开始的形式。

到了 20 世纪 80 年代中期，美国国家科学基金会在刚开始时尝试用 DARPANet 当作 NSFNet 的通信干线，但 DARPANet 属于军用物资，被政府机构严格把控，所以这个想法并没有实现。美国国家科学基金会决定建立一个新的通信干线，即在 DARPANet 基础上，创建了 TCP/IP 协议，可以把不同的网络进行连接，命名为 NSFNet 的广域网。

Internet 的诞生给人类带来了最深远的影响，它在 NSFNet 基础上延伸出来，并在全世界范围内持续扩散和发展，越来越多的计算机加入 Internet，该计算机信息网络的规模是世界第一，不仅有着最丰富的信息资源，还有着最广泛的覆盖面。当前很多个人用户、研究机构、企业、各大高校都开始使用 Internet 进行交流沟通和信息交换。

20 世纪 90 年代，Internet 扩大到世界范围。从 Internet 的覆盖地区来看，现在全世界已有 240 多个国家和地区接入 Internet，事实上 Internet 已成为一个"网际网"，因此又被称为互联网。

互联网作为 21 世纪最重要的技术革命之一，在过去的 20 年中经历了令人瞩目的发展与变革。它以其高速的连接性、无限的可能性和巨大的影响力，深刻地改变了我们的生活和工作。

在过去的 20 年中，互联网经历了从起步阶段到全面普及的飞速发展。互联网用户数量的爆发式增长、网络带宽的迅猛提升以及移动设备的普及，都为互联网的发展打下了坚实的基础。我们目睹了从慢速拨号上网到宽带无线网络的转变，从笨重的台式电脑到智能手机和平板电脑的普及，互联网已经成为人们日常生活中不可或缺的一部分。

互联网的发展不仅仅是硬件和基础设施的变革，更是在应用和服务领域带来了巨大的创新，电子商务、社交媒体、在线娱乐、云计算、人工智能等众多领域的兴起和发展，为我们带来了前所未有的便利和可能性。我们可以通过互联网进行购物、支付、社交、娱乐、学习等各种活动，这极大地改变了传统的方式和习惯。同时互联网也深刻地改变了商业和经济模式，互联网企业如亚马逊、阿里巴巴、谷歌、腾讯等成为全球巨头，他们通过创新的商业模式和技术手段，重塑了传统产业和商业领域。互联网经济的兴起，催生了新的就业机会和创业机会，同时也带来了全球化和数字化转型的趋势。

过去 20 年的互联网发展是令人瞩目的，它在技术、应用和商业模式方面带来了革命性的变化。互联网的发展将继续迎来新的机遇和挑战。随着 5G 网络的推进、物联网的普及、人工智能的进一步发展，我们将进入一个更加智能、互联、数字化的时代。互联网将持续影响和改变我们的生活和社会，为我们创造更多的便利、创新和连接。展望未来，我们也要清醒地认识到互联网所带来的挑战和问题，并积极应对，只有不断创新、保持开放和合作，我们才能共同推动互联网的持续发展。

第三节　网络社会产生的社会基础

一、世界各国信息基础设施竞相发展

世界历史如今所呈现出全球化的状态是经过不断地打磨以及创新而来的，面对这一发展趋势，全球各国严阵以待，为了能够在这竞争激烈的全球经济中取得一席之地，并提高国际竞争力，各国开始将目光放在了信息化的发展之中，对于全球目前的发展趋势来说，信息化的确是尤为重要的战略目标。

美国政府在1993年便针对信息化发展趋势提出"国家信息基础设施",这项计划被简称为NII计划,其目的是为用户建立一个多元化的网络,其中包括数据库、计算机以及通信网络等,让民众体会到网络所带来的便捷式生活。隔年,"全球信息基础设施"也就是GII计划被提出,相较于NII计划,这一计划所针对的是全球,目的是使全球的经济得以增长、基础设施得以改善并创造出更多的就业机会,等等。在1996年,美国对信息化发展又有了新的想法,甚至花费高达5亿美元的资金来开启"下一代因特网计划"也就是NGI计划,这一计划的主要目的是提高全球各个国家的实验室以及大学所使用的网络的速度,让国家的安全、生物医学和能源的研究、环境监测、医疗保健以及危机管理和面对紧急情况的反应速度有所提高。从表面上来看,NGI计划是属于技术上的革新,但是它所涉及的范围不仅如此,甚至包括政治、军事以及经济,等等。

不管是发展中国家还是发达国家,甚至是新兴的工业化国家,都将信息经济的发展以及信息化作为首要的发展目标,并根据国情制定出了一系列的信息化计划。1995年,7国在布鲁塞尔召开了关于全球信息基础的相关会议,参加会议的国家有意大利、日本、法国、英国、德国、加拿大以及美国,随后一部分国家提出了与信息化相关的计划,比如"维纳斯计划";美国的"信息高速公路计划",等等。

二、社会需求普遍提高

世界逐渐发展成为一个整体,这主要归功于因特网的发展,网络空间也被称为赛博空间,它和物理空间存在着一定的差异性,在网络空间还未被提出之时,人们的精神文化以及物质文化一系列的互动都是在物理空间中进行的,而现在网络空间成为主要的载体,比如说购物、贸易、娱乐,等等,人们的教育、生活以及工作的方式因为网络空间而有了巨大的改变,同时被改变的还有人们的思维方式,这样一来,人们在意识形态领域的发展逐渐扩大。

(一) 工业柔性化

在工业领域,工业自动化已经发展到系统自动化甚至网络自动化的水平。整个生产线甚至整个工厂都可以按照预先编定的程序,实现无人柔性生产。在不久的将来,消费者可以通过计算机网络直接输入他们需要购买的商品的特性、尺寸和其他数据信息,用信用卡付款后,可以启动灵活的生产线,实时生产他们需要的商品。最后,社会化的物流配送系统可以直接将它们送到消费者手中,实现真正的零库存生产。

一类虚拟企业正逐渐兴起。它是在信息通信网络的基础上形成的一类新型机构合作关系,核心特征是灵动性、完备性、柔性的生产体系、守时性的管控经验、创造性的组织构成以及特殊的监管环境。虚拟企业的本质是依据自组织理论创建起来的多数小型企业间的新型竞争、协作、调整体制,让以往零散、杂乱无章的生产机构自动转变为网络组织状态的、规整的动态企业。

最具生机、最高级的一类生产力是信息技术,它在改进传统行业与发展现代工业中起到了十分关键的作用。如今,随着科技的发展,生产过程也逐渐加快,市场需求也在不断改变,这使得各公司努力去获得市场信息、商品信息、金融信息、原料信息以及金融数据信息,以维持或提高公司的竞争实力,提高在市场中的地位。为了更方便地获得海量实用数据信息,各大公司已开始寻求更加高端的信息方法和渠道,并摒弃了传统的信息传输媒介。在企业的生产运营过程中,信息技术发挥了不可忽视的作用，同时它也提高了企业的信息化水平。

（二）农业集约化

在美国全部的劳动力中，农业劳动力仅占2%，但他们要供应全国所需农作物的120%，造成这种现象的原因是美国农业具备极强的集约化生产功能。一位普通的农民往往运营一千多亩地，由种子企业负责播种，由肥料企业负责施肥，由供水企业负责浇灌等，农民的主要工作是田间作业的少数过程，借助电话通信和网络与上述企业及时进行业务联系。

近年来，我国也开始重视农村社会化服务体系的建设。沿海一些省份率先依靠社会化服务体系实现农场化作业，农民对信息网络的依赖程度远远超过一般的产业工人。例如，几年前宁波就建成了浙江省内第一个农业综合信息网，迈出了农业信息化的第一步。借助宁波电信完善的光纤网络，宁波的农业信息工作不断向村一级延伸，信息资源的共享与应用水平日趋提高。农业综合信息网上目前已主要开发了三个网络应用，即东方农业网、农经管理网和内部局域网系统。[1]

（三）军队数字化

所谓数字化部队，就是指将信息技术应用到军事领域中、运用数字化装备和技术来武装的部队。数字化部队对于收集信息、传输信息、控制信息等能力都有着非常大的进步，其主要表现为指挥更加灵活、部队的反应更加迅速、武器的反应也更加迅速、信息传输快的诸多特点。数字部队整合了战场上的计算机和通信系统，从先进的指挥机构到前线后方的单兵，从远程作战部队到机动作战部队，从战术武器平台到战略侦察卫星。实现了集信息采集、处理、传输于一体的信息化战场。

---

〔1〕 参见刘文富：《网络社会与公共治理》，中国人民大学出版社2020年版，第38页。

身处信息时代的人们对于信息的正常流动越来越依赖。因此，在这个严重依赖信息的时代，阻碍或控制资讯传递已成为一个全新的作战方式。信息战以计算机为战场，以计算机为基础：它利用破坏或控制计算机中的数据流来进攻敌方的基础网络系统，从而进行战略目标。虽然信息技术战争的界限一般很难划分，但广播、影视、图书、网络等传媒领域都将成为信息战的主要武器。而随着信息时代的来临，信息战将不可避免地成为信息社会的主要战争形式。

（四）交通智能化

信息技术在交通领域中的广泛使用，使得交通更加顺畅，从而为人们的安全出行提供了保证，也提高出行的舒适性、便捷性等。

智能交通之一是利用卫星定位和计算机技术进行自动导向。德国奔驰公司制造的汽车装有小型天线，依靠卫星定位导航系统，由方向盘前的自动导向仪帮助司机查阅地图、辨别方向。自动导向仪由计算机控制，司机将装有地图的小磁盘插入驱动器，根据导向仪屏幕上的菜单将目的地输入，导向仪随即显示行驶方向，并用标准口语将目的地方位及准确路线告诉司机。

智能交通之二是"路况信息动态指南"。在日本、美国和英国的某些地区，交通部门利用动态信息导向系统来疏导交通阻塞。设在各条道路上的摄像头将路况送到交通监控信息中心，该中心以无线数据方式向装有导向仪的汽车发出实时交通信息，诸如道路阻塞、交通限制、停车场车位占有率等信息，帮助司机选择不拥挤的道路和停车场。

智能交通之三是交通监察自动化。在英国，警方拥有智能化交通监察系统。该系统由摄像机、无线发射器和计算机中心组成。如果有汽车被盗，向警方报案后，计算机立即将路边摄像机传来的过路车辆的图像、车牌号与输入的被盗车数据比较,一旦发现目标就会向值勤警车报警。

智能化交通之四是汽车驾驶自动化。日本富士通计算机公司开发出无人驾驶汽车,由摄像机摄取信息,计算机处理信息。汽车的行驶方向由路面的白线引导,前方车辆速度与两车间距离由计算机测量,若有撞车可能,警报自动响起,汽车自动刹车以消除危险。

(五) 科研信息化

科研人员在计算机网络的帮助下攻克了一个又一个的科学难题。计算机具有速度快、计算精度高的特点,所以更应该利用它来解决科学研究和工程技术中遇到的那些计算过程复杂、用人工很难完成的工作,如天气预报、人工生命、模拟复杂系统等。数据传感技术和通信的发展,为天气预报提供了数据支持,气象部门计算机系统的实时接收传感器能监测到气候变化的数字化数据,这些新收集的数据加入过去收集的数据形成数据库,可以用于研究气候变化。计算机系统计算出的地球大气和海洋系统模型,可以帮助人们判断气候变化、预报天气。并且,随着计算机处理能力提高,将会提高现有地球大气和海洋系统模型的分辨率,更准确地预报天气变化。

信息网络可以应用在医学上。例如攻克癌症,癌细胞是上千种疾病的松散组合,它们各自的不同病因捆绑在人类异常复杂的基因代码中,如果没有计算机,人类将要花几十年甚至上百年的时间对已知的基因模式进行筛选,来寻找那条被怀疑携带病因的基因,而一台超级计算机只需几分钟就能完成这项工作。

目前在信息技术领域尤其是人工智能领域,人工生命正逐渐成为热点课题。人工生命就是指具有生命特征的人造系统。它有两种研究开发的途径:一种是计算机帮助生物科学途径,如用人工方法合成蛋白质，用克隆技术进行无性繁殖产生人工生命，这一类型的典型代表有人工胰岛素、克隆羊等；另一种是用生物学帮助工程技术途径，如用计算机软硬件技术、微电子技术、精密机器技术、仿生学、人工智能方法和技术等设计和制造的具有生命特征的人造系统，智能机器人、人工脑、虚拟生物就是其中的典型。

现阶段国际人工智能领域知名的智能机器人就是用工程技术方法实现人工生命的一个典型范例，它不仅外形上看起来很像真人，而且自身还具备很多人的行为，比如能够和人类交谈、能够参与复杂的科学计算等，可以说，它是一个有感知、有意识、有思维和有行为的个体。经过进一步的研究，它还可以具备自主性、自学性、自适应性和自繁殖性等能力。

在天文研究上，要实现或重现很多自然、天文等千年难得一见的现象是很难的。科学家们常使用模型或模拟研究复杂现象，而计算机就是实现模拟的重要手段，它可以模拟各种复杂的系统。例如天文学家们通过太空望远镜、人造卫星收集太空信息，并将收集到的数字信息存入计算机系统，由计算机分析数据并绘出星球模型、得出活动状态。如果有一天，人类要登陆某个星球，科学家们必须预设计登陆方案，而且要具体实施每种方案，既耗资又耗时，这时就可以借助计算机模拟各种方案，通过三维的模拟过程，分析每个方案的可行性、优点和缺点，方案之间优势互补，找到最佳解决途径。

互联网技术的发展使研究员还可以通过 Internet 共享资源，也可以访问异地大型计算机系统，获取研究数据，这样使科技人员之间的优势互补、合作研究成为可能。

在社会各个领域，对信息的需求越来越大，这种对信息技术普遍的社会需求构成了当代信息化的社会基础。

第二章
网络社会分析

第一节　网络社会的特征

在《网络社会的崛起》一书中,曼纽尔·卡斯特深入探讨了网络社会,他提出的观点极具价值,它不仅改变了传统的社会结构,而且还为社会发展带来了新的可能性,开创了一种全新的社会模式。随着科技的进步,信息技术已经成为一种全新的、具有支配力的社会结构,其影响力也日益扩大。信息技术已经成为当今世界的核心力量,其作用不可低估,就如同工业革命时期的能源一般,对社会的发展产生了巨大的影响,使得社会的形态发生了巨大改变。

伴随网络时代的迅猛发展,信息技术已经深刻地改变了现实社会的生产方式,从而成为一种全新、具有革命性意义的社会生活方式。

当前,网络是社会生存和发展的重要基础。从网络的层面来看,"内容"在网络上占据着重要地位,从信息的层面来看,"形式与载体"是一种全新的媒体,它能够提供更多的信息,让人们获得更多的知识。信息化社会的独特之处在于其内在结构、联系以及外部的环境,这些都是"网络化社会"的重要组成部分。网络不仅仅是一个信息传播的工具与平台,而且它还为人们提供了一个跨越时空的沟通桥梁,使得各种媒介能够有效地结合在一起,形成一个全新的、互动的社会。

伴随全球化的推进,网络社会已经成为一种新型的社会结构,它是通过计算机技术和网络技术共同构建而成。在网络社会中,"人们交互作用的产物"的基础是信息的生成、传播和利用。它不仅仅是一种现实社会的补充,更是一种为人类提供更多可能性的发展模式,为人们的生活带来了无限的可能性。随着工业化社会的不断发展,"重塑与再造"的理念也在不断深入人心,为当今社会带来了巨大的影响。网络社会的迅猛发展,代表着生产力结构变得更加合理,经济管理模式也变得更加科学,文化氛围也变得更加浓厚。

一、网络社会的互联互动性

尼古拉·尼葛洛庞帝在《数字化生存》里提出,通过计算机处理信息的方法,通过跨越空间运送1和0把信息传送到各处,正是因为当计算机和通信这两项顶级技术联手时,孕育了一根支柱:联网(networking)。这也和埃瑟·戴森(Esther Dyson)所看到的"网络社会的根本特征在于互联性"一样。网络是信息的基础,也是虚拟社会的基础。在数字化世界里,因为网络化的社会条件与环境改变了人们"交互作用"的时空距离。因而网络消解了个人与群体、个人与社会之间的对立,网络社会的发展将转化不同民族国家发展时空与地缘差异的矛盾。

基于互联网时代,每个人都有双重身份,即信息的享用者与提供者。网络自身具备互动性的特点,为不同国家、不同民族、不同领域的文化沟通开辟了道路,从而使得人们的交往能力能够获得有效提升,使交往的内涵变得更加丰富多彩。[1]

---

〔1〕 参见令小雄:《自媒体时代的网络秩序》,载《中共济南市委党校学报》2014年第1期。

随着互联网的发展，民族国家的传统政治边界得以轻松跨越，社会等级结构也因此发生了巨大的改变；实际的国际关系、政治格局以及地域性的政治结构正受到前所未有的挑战；随着科技的发展，网络社会控制、网络运行安全已经成为全球政府共同关注的重大问题，因此建立一个虚拟政府或者是虚拟国际组织，以此确保全球网络社会的健康发展，是维护全球共同利益的必要举措。

二、网络社会的超时空性

随着时代的不断发展，人们不断探索新的可能性，以实现跨越地域、空间的自由，这种探索为人类社会的发展提供了强大的推动力。技术的发展，如文字、电话、电视和传真，为人类的社会行动提供了跨越时空的可能性，使其跨越了时空的限制，进入了一个全新的阶段。

通过互联网，人们可以跨越时间和地域的局限，实现一种前所未有的自由和创造力。随着科技的进步，互联网的普及使得信息的传播更加迅捷，数据的存储也变得更加丰富，这不仅扩宽了人们的视野，同时也缩短了人们的出行时间，从而使得人们的日常生活受到极大影响。互联网的普及冲破了国家与地域之间的界限，将全球各地的人们联系在一起，让地球在互联网的世界里变成"地球村"。网上没有国家和地域界限。现实空间中远隔千山万水的距离，在网络虚拟空间不复存在。互联网设计的基本原则是"打不烂、切不断"，它通过自主选择"路由器"出口以达到24小时网络畅通无阻。在网络空间，人们足不出户也能了解外面的世界，世界上任何地方、任何时刻发生的事件，国内外的政治、经济、社会生活各个方面的信息第一时间被发到网上。

三、网络社会的开放性

美国国家研究委员会强调,美国的国家信息基础结构必须建立在开放的数据网络之上,就是可以进行各种类型的信息服务,这些信息可以来自各种类型的提供者,可以给各种类型的用户使用,可以经过各种类型的网络服务机构,而且,这种连接应该是没有障碍的。[1]具体说来,这种开放性体现在四个方面:一是对用户开放。不强迫用户进入一个封闭的体系,或者说不强迫用户不得连接到其他系统上,而是允许广泛连接,就像电话系统一样。二是对提供服务者开放。可以为商业的或学术的需要,提供一种开放的、可以接入的环境。三是对提供网络者开放。使任何提供网络者能够成为整个互联网的一部分。四是对未来的改进开放。可以在今后增加新的服务,而不是限制在已有服务中。作为一个开放的系统,每一个局部的单独的网络都可以根据自己的需要来进行设计,可以有自己的接口、自己的用户环境,只是在接入互联网这一点上,遵循TCP/IP协议即可。可见,互联网就是一个开放的网络,也只有开放的网络才能称之为互联网。

四、数字化与虚拟性

网络空间也有图书馆、商店、其他各式各样的物品,和现实社会相似,在这里可以读书、购物、旅游等。但是网络空间和现实空间还是有一定的区别,它们的差异性在于网络空间的构成是由比特和数字构造而成,没有使用传统的建筑材料去建造图书馆大楼,没有纸质版的书籍。有人将网络空间称作0和1组合的世界,它是一个数字王国。因为网络空间具有虚拟性的

---

〔1〕 参见[美]曼纽尔·卡斯特:《网络社会的崛起》,夏铸九、王志弘等译,社会科学文献出版社2003年版,第108页。

特点，所以即使它是数字化，但是对于它的存在人们一点都没有产生怀疑。迈克尔·沙利文-特雷纳曾说过，当使用者坐在电脑前，他们可以在别人的"意识"中遨游。他们把自己的意识转移到了计算机的世界里，那是一个真正的世界，可以让更多的人，以键盘的方式，将自己的意识转移到计算机里。[1]网络的虚拟性和虚幻性是不能等同的，虚幻的东西是人们通过意识想象出来的，但是网络空间虽然是虚拟的形式，但在功能方面却是真正存在的。它既有科技的成分，也有超越科技的成分，并已深入人类社会和文化的各个层面。

五、身份平等性

身份是人类社会形成的最基本要素，对应主体的生理状况、心理状况和社会角色，交往主体有了身份及其相应的行为规则才能有效开展交往活动，社会关系、社会角色、社会组织和社会群体都是通过身份认同实现的。与此同时，交往对象也需要通过对对方身份的认定才能确定个体之间的社会关系，也就是说有个身份识别过程，需要识别自己、识别他人、识别自己与他人的社会关系。社会定位的规则就是具体规定了具有某一特定社会身份或从属于某一特定社会范畴的人所拥有的权利和义务，有了身份及其相应的行为规则，社会成员的交往活动才能够被定位并井然有序，进而形成有机的社会结构体系。社会成员内部普遍存在着某种情感，认为他们之间有着某种共同的身份，无论这种情感是以何种方式被表述或揭示出来的。[2]

---

〔1〕 参见［美］马克·波斯特:《信息方式》，范静晔译，商务印书馆2000年版，第85页。

〔2〕 参见［美］尼古拉·尼葛洛庞帝:《数字化生存》，胡泳、范海燕译，海南出版社1997年版，第76页。

从社会意义来说，网络社会中的信息替代了农业社会的等级和工业社会的资本成为社会中的支配性的因素，网络社会空间的活动主体及主要活动形式均以共同信息编码的形式呈现。信息在网络空间中通过编码既消灭了地域、时间的区隔，也消灭了阶层、组织、财富、学历、地位等社会标识。开放的网络为普通民众的权利表达和信息获取提供了便利，任何人都可以随时发表意见，因而能够突破社会身份的限制汇聚成大规模的人群。卡斯特认为，网络是开放的结构，能够无限扩展，只要能够在网络中沟通，亦即只要能够分享相同的沟通符码，就能够整合新的节点。网络的群集四周都是边缘，因此无论你由哪个方面接近，都是开放性的。事实上，网络是能够称得上具有结构的组织里最不具有结构性的组织。各种纷杂多样的成分，也只有在网络里才能维持一致性。

第二节　网络社会对现实社会的虚拟与重塑

一、网络社会的虚拟性

网络社会的主要特点就是虚拟性。从当前社会的方向来看，网络社会也叫虚拟社会。"虚拟"一词在《现代汉语词典》的释义是不相符、不真实、假设的。但在英语里面，虚拟这个词和中文的解释正好相反，它是指实际上、事实上、根本上。

在《数字化生存》一书中，尼葛洛庞帝曾指出，思考比特和原子的区别是认识数字化生存的价值和影响的主要途径。信息的生产、分配、运用是网络生存的主要条件，当信息以数字化的形式出现时，所有信息都可以变成 0 和 1 的组合时，那么原子到比特的转换也就实现了，详细的事物也可能会变成虚拟的。[1]

网络空间与物理空间是有区别的。1984年美国著名科幻家威廉·吉布森发表了一本小说《网络巫师》，首次提出了另一个生存空间，也就是网络空间，也可以称为赛博空间。它是一种伴随着网络科技的发展而出现的一种新的人们进行信息交流的虚拟的生活环境。在网络空间中，可以进行与真实世界一样的商业活动、工作、学习、娱乐、旅游、收发电子邮件、在线聊天等。在"地缘"、"业缘"和"血缘"的基础上，人与人之间的交往，还形成了"网缘"和"虚拟社区"、"虚拟社群"等。借助这个活动平台进行网络行动，不管是电子邮件、网络论坛、文件传输、浏览万维网，还是将基础进行整合，形成更加复杂的网络行动方式，它们都没有真实的物质空间里所表现出的可以感知的时间和空间形式，只有在功能上的想象和重复。

二、虚拟是以信息形式再现的现实

虽然网络具有虚拟性，但是在效果上还是具有一致性，因此网络是另一种实现。从技术角度来说，虚拟真实指的是利用感应器和电脑来感受一种假设的真实。通过这项技术，我们可以在计算机上建立一个真实的世界，它包括商店、医院、学校、邮局、会议室、社区，甚至是爱情。虚拟真实的特点可以让我们发现：它的物理世界不是真实的，也不是虚拟的，更不是虚假的。它的存在是特殊的，如果进入计算机网络，那么就会发现它是真实存在的。但是，它到底是什么呢？这是一个电子场，在这个电子场中，物体（电子）和物体（声音、图像、文字、

---

[1] 参见俞可平：《社会自治与社会治理现代化》，载《社会政策研究》2016年第1期。

符号)都存在。电子象征物实际就是虚拟实在,它通过信息的方式将现实展现出来。美国学者海姆曾说过,虽然虚拟的真实并不真实,但是它是真实的、起作用的,或者说它是数字的。[1]一足立于实体设备所代表的现实世界,一足立于抽象数学所代表的客体世界。海姆相信,网络空间意味着通过电脑产生的维度,在这个维度中,我们不断地传递信息,而我们又以这些数据为中心寻求解决之道。网络空间呈现出一个复制或人造的世界,这个世界由我们自己所创造的信息以及我们对这个信息所回馈的信息组成。这是从古至今没有体验过的新天地。

三、网络社会对现实社会的影响

(一) 网络社会对现实事件的影响

网络社会的存在对现实社会具有一定的依赖性,但网络社会对现实社会也会产生深刻甚至变革性的影响。网络社会的发展反作用于现实社会,整体上推动现实社会向前发展,形成现实社会新的特点。依托于互联网而存在的网络社会,虽然在不同程度上改变了现实社会中人们的交往方式,但它也绝不是超脱于现实社会而独立存在的。近几年,线上事件对线下社会环境的影响及线上与线下的互动,影响力呈几何状态膨胀,网络社会的客观存在和网民数量的不断递增,造成网上出现的群体性事件越来越频繁、越来越激烈,涉及面越来越广,这直接影响着线下的现实社会,给社会及政府都带来了巨大的挑战。

网络社会的形成,改变了社会的结构,使社会分化为现实社会和网络社会,社会主体生存也随之分化为现实生存和虚拟

---

[1] 参见[英]维克托·迈尔-舍恩伯格、肯尼斯·库克耶:《大数据时代:生活、工作与思维的大变革》,盛杨燕、周涛译,浙江人民出版社2013年版,第32页。

生存。以虚拟性、模糊性、全球性、裂变性为特点的虚拟生存，是与现实生存有着根本区别的一种社会主体的存在方式。这种存在方式带来了人类生存中虚拟生存与现实生存、理想化生存与世俗化生存、全球生存与民族生存的矛盾。

(二) 网络社会对社会心理的影响

目前，数字化技术已广泛地应用于人们的生产和生活中，随着互联网工作和学习的人群逐年增多，各种网络社区正以递增方式逐步建立，人们在一种虚拟情境中建立着自己的人际关系。由于这种社会群体交往方式的独特性，会对社会心理的演变造成不可估量的影响，使其产生不同于一般社会生活的各种社会心理因素。

1. 互联网的淡漠性

由于人的参与及计算机的智能化和办公自动化的需要，互联网作为新一代的大规模信息载体，日益演变成为一种新的独立于自然环境之外的社会环境。长期依靠其工作、生活的人们势必受其影响，进而出现一些新的社会心理现象，整个社会心理也将发生潜移默化的转变，这正是技术与人类生活联系日益紧密的一个明证。不可否认的是，随着互联网的普及，人与人之间的直接交往日益减少，并有可能造成人际关系趋于淡漠。一些人为了逃避现实，会更多地依赖于人与机器之间的交流，如网络中即时通信平台，对话双方并不经过直接接触，通过该平台即可实现跨越空间的交流。再比如，在网络社会环境中，人们可以以任何想象的身份（即虚拟身份）参与社会交往，而非现实社会中的真实身份。网络中形成的认知表象完全取决于对方的言语特征，而后依据社会常理进行判断，可能会产生认知错位。

2. 互联网的虚幻性

在网络社会中，所有的一切都是通过高科技手段"虚拟现实"来实现的。人与人之间的关系是模糊的，更多地表现为人对虚拟幻象的关注。人们在网络中把人的各种情感都移入了自己所关注的一些介于真实与虚幻之间的事物。如网络游戏爱好者，会关注游戏中人物的命运并随之哀喜。人们在游戏中满足了在现实生活中因各种不如意而需要宣泄的愿望，而且此类游戏往往强调网络协作，在网络上和自己"朋友"（现实社会中根本不认识的人）精诚合作，与"敌人"战斗（可能现实社会中"敌人"又是朋友），由此满足了人们渴望受到团体承认的心理需求。

（三）网络社会对经济环境的影响

互联网改变了我们的生活方式和工作模式，同时也营造了一个网络经济环境，跨境电商、在线购物、在线支付等越来越多的互联网应用，成为与现实社会相互依存的新的经济模式。

1. 新兴的网络经济模式

（1）在线购物

在线购物就是通过互联网检索商品信息，并通过电子订购单发出购物请求，然后填上私人支票账号或信用卡的卡号，厂商通过邮购的方式发货，或通过快递公司送货上门。国内的网上购物，一般付款方式是款到发货（直接银行转账、在线汇款）、担保交易（支付宝、百付宝、财付通等）、货到付款等。在线购物是互联网商业化的直接产物，也是网络社会中最为活跃的电子商务活动之一，目前，在线购物的网民占网民总数的71.0%，其中女性网民成了消费主力。

（2）在线支付

在线支付是指以金融电子化网络为基础，以商用电子化工具和各类交易卡为媒介采用现代计算机技术和通信技术作为手段，通过互联网进行传输，以电子信息传递的形式来实现资金的流通和支付。随着在线购物、跨境电商、滴滴打车、微商等此类依托于互联网而产生的新兴业态日益发展，在线支付逐渐成了电子商务发展的关键元素。

伴随线下支付场景的多元化，移动网上支付在一定程度上已经取代了实物钱包，二维码、NFC等手机支付技术产生的巨大便利性，使居民日常生活支付方式产生了翻天覆地的变革。第三方互联网支付是指以第三方支付机构为运营主体，通过在电脑端以网关支付认证支付等途径用银行账户或第三方账户进行支付的方式。

（3）在线理财

在线理财，是指理财者根据自身经济情况，通过网络平台自主选择适合自己的理财方式进行理财，只要身边有网络，理财者就可以随时随地在网上寻找他们感兴趣的理财项目，享受足不出户的全新理财模式。

许多传统金融企业看到了在线理财的巨大商机，纷纷在网上开展自己的在线业务股票、基金、银行理财服务、保险等理财产品的购买及管理均可以通过在线服务完成交易，除此以外，一些新型的理财模式也已经在网上兴起，如P2P网络借贷等。在线理财具有时间掌控灵活、选择范围广、产品更新速度快等特点，相较传统的柜面理财产品，在线理财不受银行或保险公司工作时间的影响，客户可自行了解感兴趣的理财产品和服务，在时间、地域选择上有很大的优势。

2. 对传统经济的冲击

（1）对实体经济的影响

网络经济是以互联网为基础，以数字化为技术支撑，以信息化进行要素配置，以网络化为运营模式的新的经济形态。它脱胎于工业经济，是经济信息化及信息网络化的必然结果。

网络经济对传统的实体经济形成了巨大冲击。首先，冲击了社会零售体系。由于线上销售覆盖面广、接触半径大、产品展示空间无边界、展示成本低、库存成本低、无须巨额房租和水电费用，所以网络销售中的产品价格明显低于线下的零售价格，对实体店造成了巨大冲击。其次，冲击了制造商和服务商生产组织过程。随着互联网的迅猛发展，对实体经济的影响也随之渗透加强而日渐深入产业链的前端。我们可以看到互联网对整个生产组织的冲击，在压缩了销售之后，巨大的网上需求开始对生产组织产生影响。

（2）服务规范突破与安全威胁

互联网正在深刻影响实体经济的传统服务模式，移动服务、就近服务、在线监测、远程运维等新型服务模式孕育而生，服务业态创新改变了生产者和消费者之间的关系，客户连接更加紧密，供求关系更加高效对接。移动服务、就近服务深刻改变了出租车、餐饮、住宿等行业服务模式，解决大众生活出行的痛点，促进了供求信息高效匹配和精准对接。线上线下服务融合更加紧密，客户体验更加优化。装备产品在线监测、远程运维等服务模式正在深刻改变装备制造业的服务模式，不仅提高了重大装备故障预判率，优化了售后运维供应链服务体系，更是拓展了装备产品价值来源，推进了工程装备企业服务化转型。

随着经济全球化、社会信息化进程的不断深入，经济信息网络在经济生活中占据了越来越重要的位置，对我国经济安全产生巨大的影响。

从专业角度讲，经济信息网络的安全包括网络和信息两个方面的安全性。网络安全是指在两个实体之间保证信息交流以及通信的安全可靠，满足计算机网络对信息安全的可用性、完整性、保密性、真实性、实用性和可维护性等要求。信息安全是指保护信息资源，防止不良的外来信息的入侵和防止信息的泄露、修改和破坏，保证信息安全和可靠。

随着国民经济信息化的迅速发展，金融网络和企业网络的信息系统的应用将更加广泛和深入，对安全性的要求越来越高。例如，电子商务交易中，要保证电子交易的安全性，保证机密商务资料不泄露等，都需要信息网络具有相当的安全性。

互联网信息传输的广域性和网络协议的开放性带来比任何一种网络都更为严重的不安全因素。特别是在冷战结束后，在国际关系中，经济关系上升到主导地位，信息网络已成为经济信息竞争和斗争的重要场所，所以网络系统的安全性已涉及国家主权等许多重大问题，如一些国家军方和情报机构人员认为，不断发展壮大的、世界性的信息网络对国家将会是一种严重的威胁。

（3）对传统管理模式的挑战

互联网对实体经济发展产生了重大而深远的影响，对实体经济传统的组织、运作和商业模式等管理模式带来了不小冲击，让实体经济步入转型发展的阵痛期。

互联网正在深刻地影响实体经济传统组织模式，平台化组织、网络化协作、众包众创等新型组织模式正在成为企业新的组织模式，企业管理、组织和资源整合能力得到大大增强。另外，网络化管理、平台化的组织带来的零边际成本效应，正在颠覆企业金字塔管理模式，让企业管理走向网状化和扁平化，市场反应和决策能力大幅提高，一线员工创造潜力等得到极大挖掘。各大互联网公司正在利用网络平台分别在零售、工业设计、交通出行、物流运输、外卖服务等领域创新传统企业组织模式，实现社会资源的有效整合，推动传统行业互联网条件下的变革升级。传统制造企业也正在加速利用互联网改变其组织模式，转型模式探索也正在颠覆传统制造企业管控模式，建立适应信息生产力发展的生产关系，激发企业各环节员工的创造性。

互联网正在深刻影响实体经济传统运作模式，凭借互联网信息获取的便捷性，低成本快速试错，多款少量、以销定产，从大规模、批量化的大众服务转为多批次、小批量的小众服务，提供个性化定制服务，已经成为许多企业适应新常态、把握新常态、引领新常态重要途径。依托网络平台，紧盯市场、随机应变，低成本快速学习，已经成为许多企业快速响应市场需求、提高市场变化应对能力、加速技术和产品创新重要法宝。依托社交网络，利用碎片时间，深度影响用户，实现低成本高频互动，推进企业用户向企业"粉丝"转变已经成了许多企业提高用户黏性、培育企业"粉丝"的主要模式。

互联网改变了企业的客户关系，个性化定制、用户全程参与、服务化转型等服务商业业态创新已经成了企业应对经济新常态，增加用户服务价值的主要手段。互联网强化了企业的连接关系，企业之间的竞争更加激烈、合作更加紧密，催生的平台型竞争、产业链竞争、生态圈竞争让传统竞争更加健康有序。互联网正在改变实体经济的变现模式，平台交叉模式等商业模式正在从互联网虚拟经济向实体经济渗透，从消费互联网向产业互联网领域渗透。

四、虚拟社会与现实社会的互动

在网络时代，"交互"作为一种信息传播方式，通过数学的方法来实现它的虚拟化，这使得它具备了极强的虚拟性。伴随

"信息交互"在网络社会中的变化，人们的互动方式也发生了变化，他们的交流更加真实，更加贴近现实社会。"流动"提供了一种有效的方式来促进人与人之间的互动。一些人感到生活的压力过大，渴望寻求心灵的慰藉，因此，他们会选择进入虚拟空间，将他们的梦想转化为一幅幅令人惊叹的图景。伴随时代的进步，互联网被广泛运用，每个人都能够通过互联网与更多的人进行沟通，创造出许许多多令人惊叹的虚拟空间。

虚拟和现实之间存在着某种联系，只要满足特定的条件，就可以完成互换。通过将网络文学转变为纸质出版物，可以在形式上让虚拟和现实相融合，并通过网络虚拟恋爱来安抚现实生活中的人，使他们能够在真实的世界里进行交流。相反，通过将传统的纸质出版物转变为数字符号，可以让它们的形态变得更加虚幻。同样，通过把真实的生活融入网络文学，也可以让它们变得虚幻。在网络空间里的恋爱能够在现实生活中得到实现；当军事演习在网络上进行时，人们之间的交流已经超越了现实世界的距离和限制。随着虚拟世界的兴起，它与现实世界之间的界限已经被打破，使得两者之间的联系变得更加紧密。在网络社会的虚拟环境下，人们所做出的决定和想法，应当经过实际的检验，以便更好地反映出真实情况。电子商务为消费者创造了一个可以进行决策的虚拟环境，但是要想真正体验到"再实践"的价值，就必须要在真实的社会环境中进行，这才是真正的消费过程。

五、网络社会对现实社会的重塑

网络社会是一种客观存在。它在形式、内容和本质上都是一种对物理现实的拓展和延续。网络技术系统本身是"现实"的。它是现实的产物，即它建基于实实在在的计算机、网线、调制解调器等硬件以及其他复杂的信息技术之上，这是网络自身存在的物质和技术基础。"网络社会"则是由各种物理网络经由互联网技术共同构成的"社会网"，它实际上是人们通过这一技术和可见的形式进行直接社会互动的关系网。如果借用社会学的"社会化"这一概念，那么进入网络社会的人同样要有一个"网络社会化"的过程。[1]这暗示着网络社会的形成与现实社会的构架过程之间有着某种共同性以及千丝万缕的联系。

李普曼在《舆论学》中提出了"拟态环境"（pseudo-environment）的概念，即新闻媒介对客观事件的选择性还原实际上营造出了一个拟态环境。[2]由于人对媒介的高度依赖和它对人的长期培养，人们可能把媒介的拟态环境视如真实世界。网络社会是一种拟态社会，虚拟实在是网络空间或网络社会的技术特征，它并不等同于网络社会。虚拟实在技术只有经过大众化的应用，加入了人的活动和情感，才能构造出一个网络社会。而这个新环境或社会之"真实"实在远非媒介拟态所能及。

以网络技术为基础构成的网络社会并非市蜃楼。虚拟实在只是在形式上异构了一个可供人"虚拟"的空间，而一切网络社会行为都是人的行为，实体的人同样是这个"比特世界"的主体。换言之，虽然网络空间不具备真正的实体性或物理真实，但并不意味着它没有实在性。

由于人的使用，网络社会与物理现实事实上的直接关联是非常明显的，两者不可能不相通。一方面，物理现实中的社会认知、经验，包括某些社会规则会反映到网络社会中。另一方

---

[1] 参见俞可平：《社会自治与社会治理现代化》，载《社会政策研究》2016年第1期。

[2] 参见李维安、徐建：《国家治理体系与分类治理》，载《中国高校科技》2015年第Z1期。

面，在网络社会中获得的印象、经验和观念也必然会被带入日常现实，并施加影响。

人们已经越来越多地看到，大多数虚拟空间都试图在某种形式上与日常现实相似或靠拢。比如电子商务、网上购物、网上咨询、网上办公、网上教育、企业网络化管理等，这些变化都显示了网络直接连通日常现实生活的大趋势。在网络社会中，虽然一切都因数字化而具有"虚拟"的色彩，但它却实实在在地为人们工作与学习效率的提高、个人生活的丰富多彩等，提供了十分理想的现实环境和空间，也意味着人们生存能力与生产能力的提高和增强。例如，在现实社会中当商务活动以数字化的形式进行就成为电子商务。其中的商务规则与现实社会中相同，因此它是现实社会商务活动在网络社会中的延伸。但由于网络的数字化超时空性，使电子商务超过现实社会商务活动，具有许多优势，对现实社会具有深刻影响，实现对现实社会商务活动的重塑。现在，一些网络社区（cyber community）正在努力连通日常的人际社会网络，并与之形成互补，甚至成为介于网络社会与物理现实之间的某种新型的社会网络。

伴随网络技术的飞速发展，人们可以通过虚拟和现实的交互来拓宽视野，改变思维方式，探索新的文化，栽培"个性化"的环境，以此激励自身的成长。在当今社会，人们的交往不仅受到时空的限制，同时还受到传统政治观念、文化习俗、价值观念等多种因素的影响和约束。在网络社会，"投射"的传统思想也受到了影响，它的影响力远远超越了现实世界，它所带来的虚拟环境、新颖的网络文化、多元的心态以及多元的价值观一定和现实社会存在不同。因此，网络社会中的理念和价值观可能会受到更多的影响，从而影响到人们的行为和思维方式。

社会是人们交互作用的产物，没有脱离社会的人，也没有脱离人的活动的社会。但网络社会环境却使"社会是人们交互的产物"的微观因素和条件发生着变化，即一方面任何人在网络社会环境中都可以明确地说"我就是我"；另一方面，任何人都可以借用虚拟的网络环境，即以数字替代自己——"我即非我"或"非我即我"。这正是对现实社会的人际关系的重塑。[1]

第三节　网络社会的运行机理

一、网络技术

网络是一种信息获取与数据传送体系，由连接世界各地的通信线路、多个独立计算机系统以及几万个服务器、网络与数据库系统构成。互联网科学技术是保障和保护互联网应用的相关科学技术，是计算机科学与通信科学技术融合形成的一种科学技术集合，是保障互联网社会存在与发展的重要物质基础。从互联网科学技术的现状以及信息高速公路可以预测的未来方向出发，互联网科学技术主要涉及四项技术：数字通信技术、数据压缩技术、多媒体技术以及数据组织技术。

所谓数字通信技术，就是以数字形式呈现不同类型的信息，并将其高速传输到目的地，然后将其转换为原始形式。目前，数字通信技术主要以激光技术为基础，并不断向纳米传输技术发展。

所谓数据压缩技术，就是对大量信息数据进行优化和编译，然后用优化的编码替换所有数据进行传输和存储。作为数据接收器，通过反向解压缩技术恢复优化后的编码，从而获得所有

---

〔1〕 参见张琳、杨毅：《大数据视野下国家网络治理路径优化研究》，载《湖北社会科学》2015年第5期。

原始数据和信息。[1]

所谓多媒体技术，就是在计算机应用范畴内不断发展的基础上，将视频、照片、声音、文字、数字等形式的信息载体全部集中在一起，并统一进行处理；当前，随着科技的不断发展，多媒体技术正在实现通过气味或者动感的形式来进行传输与存储，从而调动人的全部感观虚拟的现实。

所谓数据组织技术，就是对于因特网中非常凌乱的信息存储所提出的，这种情况使得网络使用者往往沉浸在网络冲浪中。其主要目的就是让使用者在搜索网上的信息时更加方便。"WWW"的搜索引擎可以看成是数据技术中最为成功的例子，并且，当前正在持续发展的数字图书技术则是向新一轮的数据组织技术高峰发起冲锋。

网络技术具有以下这样一些基本的特征：

数字化。就是将各种信息根据一定的规则用只有数字"0"和"1"的方式进行记录，在网络中所有的信息都必须经过数字化的处理来可以。据考察与研究发现，当前，所有人类新生产的信息都在数字化的信息，"原子"形态的信息是一个逐渐加快的速度数字化，有人估计数字化信息的总量已经超过非数字化信息的总量。

大容量。因为数据压缩技术与存储技术的不断发展与广泛应用，存储所需的费用也随着存储难度的降低而减少，网络中不光含有大量多种多样的文字信息，还包含大量图像、视频、声音等多种不同类型的信息。因为不同的个体、组织、企业以及政府等的各种信息都在网络上存储，这就使得网络本身成为一个存储量巨大的信息数据存储库。

---

[1] 参见张峰：《大数据：一个新的政府治理命题》，载《广西社会科学》2015年第8期。

智能化。因为互联网是一个极其强大的复杂系统,在这么大一个信息系统面前人们必须使用好智能工具,才能开展互动。智能的迅速出现以及普遍应用,使互联网的应用越来越简单、方便,众多的互联网行为者进一步将互联网自动化,使之越来越先进,从而促使互联网科技的智能化进一步发展。

在网络技术的不断支持下,通过寻找信号的结构,我们已经穿透了比特的表面,进入了比特的核心内部。由此,人们还找到了文字、语音和图形等基本构成要素,这也是数字生活中最主要的事实之一。网络技术的功能就是建立一种全世界多媒体信息传送、接受的体系,使人们的沟通获得了前所未有的便捷性。它不但极大地提高了人类社会对网络资源的利用效能,推动了人类社会生产力的显著发展,并且是推动人类经济社会发展与进步的关键力量,也成为推动网络社会流动发展的重要因素。

二、网络行动者与网络资源

在目前的社会体系中,人口问题是影响社会正常运行的主要原因,所以,也可以说网络行动者是维持互联网正常运转的主要原因。其运作的本质正是互联网活动者的各种互联网行为所共同造成的。

网络行动者规模的不断扩大是全面促进互联网规模发展的主要动力,而网络行动者的规模日益扩大及其发展过程的复杂性也是互联网科技蓬勃发展的主要原因,不过,多数网络行动者自身更是互联网科技蓬勃发展的直接参与者。互联网科技的发展反过来也促进着网络行动者组织的发展、服务质量的改善以及需求的扩大。这种相互作用和关系形成了互联网世界运作的基本力量。

网络行动者之间的关系已经成为网络社会运行的另一个重要驱动因素。由于他们在现实世界中的角色、文化价值观和上网动机不同,不同的网络行动者产生了不同的网络需求。许多网络行动者的相互影响和相互冲突的需求,以及他们对某些价值观的适应,构成了网络社会运动的另一个重要方面。

网络行动者的规模以及各种类型之间的数量情况,包括网络行动者中各种类型人员的比重、网络行动者在真实人员中的比重等,也会出现很多情况,必须适当调节。存在的各种情况,一些是现实生活中各种情况在网络中的体现,还有一些是互联网行为的一些原因引起的变化情况。这种特殊现象只可能发生在网络行动者内部,也包括网络行动者的非网络成员内部。从一种可能性上来说,人口结构或者网络结构就是人类本身的人口规模或者结构。然而,从实际发展的角度来看,在线人口的数量总是少于真实世界人口的数量。这就是为什么这些类型的问题将永远存在的原因。

可以将网络资源理解成固定的网络技术资源、信息资源的统称,但是,通过不断的研究,网络资源主要是指网络中的信息资源。这种网络资源是网络行动者行动过程的结果与记录。网络的核心就是沟通与交流,然而,沟通与交流的过程就是信息的接收与发送。网络行动者,不管是个人还是团队,不管是自然人还是法人,无论是出于何种意愿,都可以不断在网上发布和存储信息,从而形成非常庞大的信息源,融合成为网络资源。当形成后,可以成为促进网络社会运行的重要条件。对于网络社会的运行来说,发挥着不可替代的作用。

网络资源就是形成网络行动者上网动机的巨大力量,诸多网络行动者都是受到某种网络资源的吸引才来到网上。网络行动者行为不断扩大网络资源的数量,使网络资源的数量得到扩展,从而使结构发生改变。

网络技术就是形成、传输、接收以及存储网络资源的核心基础,然而,网络资源的不断发展对网络技术提出了更高、更严格的要求。网络技术的任何重大发展都为进一步丰富网络资源提供了支持。这种相互影响和因果关系逐渐增加,成为网络社会的另一道亮丽风景线。

网络资源一般定义为所有互联网信息资源中的网络信息数据,而在我们的研究中,它一般是指互联网的所有数据信息。而这些数据又是所有网络行动者之间操作过程的入口信息或数据。互联网的核心是通信,通信活动包含传输与接收内容。

三、网络规范的虚与实

网络规范有助于网络社会的正常运行,它属于网络社会的基本要素。网络社会运动需要一定的推动作用,这些作用主要来源于网络行动者的网络资源和网络技术,网络规范有一定的推动作用,但它在制约方面有着更大的作用,它通过不同方式或途径对人们的网络行为进行引导、调整以及控制,从而发挥出约束作用。

网络规范目前的状态是一直在分化、整合,另外表现出统一的原则和共同取向,网络规范的不断完善和发展,增加了其合理性和科学性,促进了网络社会的改变。

网络规范变迁过程的本质是网络社会运动过程。由于人们做出的各种网络行动,产生了网络规范,它不仅可以承载网络文化价值,还可以体现出人们网络行动的意义,意味着网络行动依旧要遵守一定的纪律。网络规范的变迁过程偶尔会受到来自人们力量的影响,但这个影响的大小通常由它和人们网络行动联系的紧密程度决定,还要看它是否和网络规范内涵相一致。

网络规范可以从两个方面影响人们的网络行动，这个过程中就能体现出对网络社会变迁的推动作用。

第一，网络规范对人们的网络行为有约束作用，这个过程有助于网络社会发生变迁。每个人在网络社会中的成长和发展都离不开网络规范，且必须从内心接受、认可并遵守已有的网络规范，这样的话也有助于人们尽快融入网络社会。在网络规范的作用下，网络社会和生活中的个体产生了比较紧密的关系，除此外，还会对个体的思想、行为、价值取向等产生影响，帮助人们规范自身的网络行为，避免影响网络社会的生存和发展。网络规范在这个过程中发挥出来的作用，有助于网络社会的成长和进步，且属于推动网络社会发生变迁的力量，这个力量一直在壮大和加强。

第二，人们在网络社会中的人际交往和横向网络互动会受到网络规范的影响，有助于保持各种行动的纪律性。人们在网络社会的基本存在途径就是网络互动或网络行动，网络互动既包括有目的地参加某个网络上公开的社区，还包括个人随意的网上冲浪行为。人们在网络社会同样需要承担一定的责任、权利、义务以及网络角色等，网络规范会帮助人们找到准确的定位，渐渐形成规律和模式，有助于网络社会的稳定和发展，如果没有网络规范，那人们可能会将网络社会搞得乌烟瘴气，阻碍网络社会的进步和生存。网络规范与个别强制性非常高的网络政策以及网络法规相比，它在这方面的作用会更加显著。

在约束人们网络行动方面，网络规范外在表现和其内在意义有着高度统一的特点。外在表现的意思是网络社区或者个人在实施具体的网络行动或判断价值时，都要符合网络规范，同时希望网络社会中的其他人也能自觉遵守，创建良好的网络社会秩序；内在意义的意思是网络规范会慢慢融入人们的意识，长此以往，人们的网络行动就会愈发规范，网络社会的秩序潜移默化中就能够建立起来并得到践行。由于网络规范这种高度统一的特点，它在网络社会变迁中的作用正逐渐显现出来。

第四节 网络社会的组织与管理

网络社会提供了组织与组织、个人与组织产生新的联系的环境和条件。而这种新的联系，在本质上是对现实社会组织起着重塑的作用。社会学理论认为，社会组织是社会结构的标志，因而，虚拟组织也是网络社会结构的标志。网络社会组织作为现实社会组织的一种延伸，成为研究网络社会的重要视角。

一、网络社会的虚拟组织

（一）虚拟组织

所谓虚拟组织，是指人通过信息技术、网络技术进行电子联结，实现协调与整合的、临时性的有机动态联盟形式。在网络社会中生存的虚拟组织，不仅组织内部以信息网络技术作为成员之间、成员与组织之间、组织内部交互作用的基础和实现全方位功能整合的条件，而且在虚拟组织与现实组织之间，也同样以信息网络技术为联结和协调手段。人与电子的关联，在网络技术的整合下，不仅改变了传统组织的层级结构和界限，而且打破了传统组织运行的有形模式，并跨越了现实组织的实存空间。

无论是现实社会组织，还是网络社会的虚拟组织，都与人类社会自身的生产与生活相联系。现实和虚拟的组织，都具有整体性和结构性活动的特征，现实社会组织的特征更鲜明、更持续，而网络社会虚拟组织却表现得更模糊、更易变。虚拟组织个性化和人格化特征更鲜明，组织的合理性、复合性和动态性特征更突出。

虚拟社会组织一部分是现实社会组织的延伸。虚拟的网络社会为现实社会组织的延伸提供了环境和条件，使无数的现实社会组织与企业，能够通过网络（发生联结）实现资源的重新整合。例如，利用别的企业的资源，甚至更广泛地利用世界资源，从而达到突破现实社会组织与企业的有形界限，放大其组织与企业的经济功能和社会功能，扩大生存的空间、增强竞争力与实力。网络社会环境改变了现实社会组织发展的传统模式，提供了使"大企业变小，小企业变大"的多重可能性和多种路径。互联网这一种信息技术是组成社会网络的主体，涉及范围的广泛性甚至可以利用信息管理来武装起一个企业，能够使企业在竞争激烈的市场上占据一席之地的同时也不再受制于经济规模的大小，对信息的利用、管理以及交流也能够根据企业自身情况来进行，企业的发展以及生存的空间能够得到大幅度的提升，这一过程就是通过虚拟组织重塑现实社会组织的过程。除此之外，虚拟社区以及虚拟的政治组织组成了虚拟社会的另一部分。

（二）虚拟社区

人们的群体生活可以通过数字化的方式得以实现，这一种全新的生活方式被称为"虚拟社区"。这一新型空间主要依靠于人们在网络社会的行动得以形成，因此也被称作网络社区。Community 是"社区"起源的依托，它所包含的不是一个单独的国家，而是由世界各地公民所组成的基本形式。将社区定义为特定地区下，一些有所关联的人所形成的共同体，现实和网络这两种社区存在着一定的相似性，因此利用现实社区所体现的特性、用"网络社区"来定义社会独特的虚拟环境。[1]

　　虚拟社区就是指通过网络结缘而产生的群体。以往传统的社区主要分三种，分别是血缘、地缘、业缘，但是，这种虚拟的社区却是因为"网缘"而产生的。人们通过网络，并且结合自己的兴趣、喜好、习惯来交换信息、传输知识、发泄情绪等，这种"网缘"的形式，就是当前社会中普遍认可且使用频率较高的概念，同时，还是构成虚拟社区的因素。其社区成员与现实社会中的成员有以下不同之处：第一，网络社交群体内成员之间的相互认可和认同度较差，某个群体内的成员也很难被外部社交成员清晰感知和识别。第二，网络社交群体成员之间的交流远不如真实社交团体成员间的交流那么紧密和持续，具有非持续性和非紧密性的特征。第三，网络社会群体成员更多地不具有共同的身份。在网络社会中的"一群人"（"a group"），只是因"网缘"而有"共同身份"。第四，在网络社交群中，一些成员的目标是完成"共同的工作"或追求"共同的目标"，例如所谓的"红客联盟"；但另一组人可能不一定理解他们的"该做什么"或"为什么要做"[2]；某个群体中甚至有相当一部分人的工作和目标与其他群体成员完全相反，如普通网民、"黑客"等。在网络社会中，个人交流和互动的生存空间扩大了，不仅可以满足社会个体成员的文化和心理需求，也可以满足他们的物质需求和寻求更多个人发展机会的需求，如网上购物、电子邮件、聊天、参与讨论、游戏、在线阅读等。互联网将允许人们基于文化、政治、宗教或经济共性，实现心理需求与价值观的结合。

---

　　[1] 参见邬贺铨：《大数据时代的机遇与挑战》，载《求是》2013年第4期。
　　[2] 参见陶希东：《大数据时代中国社会治理创新的路径与战略选择》，载《南京社会科学》2016年第6期。

(三) 网络社会组织的构成要素

1. 网络社会虚拟组织规范。组织规范指稳定的规则与规章制度。网络社会因其虚拟性，表现为三个层面：第一，技术层面。虚拟组织内部人机界面之间的规则和通过信息技术、网络技术整合的基本规则。第二，自愿原则。虚拟组织内部和虚拟组织间互动的临时性规则。由于加盟虚拟组织的个人或组织大多是个性化的。虚拟组织的产生与组合一般将遵守合理性的自愿原则，而非强制性的。第三，组织规范。随着网络社会的扩展，人们会从现实社会的需要出发，参照现实社会组织规范而确立虚拟组织的规范。鉴于国际社会共享信息资源、共同利用新的网络社会生存与发展空间的需要，必然要加强对虚拟社会的控制与管理，并成为虚拟组织与组织间运作的基本规范。

2. 网络社会虚拟组织中的成员地位。虚拟组织中成员的地位，并不像现实社会组织中那样明确或层级分明。现实社会组织中地位的高低之分，是以现实社会垂直结构为基础的，也是现实社会结构的重要特征。而虚拟的网络社会结构表现出扁平化，并以横向联系、合作、互助为主要特征，因而网络社会虚拟组织中的地位，其高低之分并不像现实社会突出。在网络社会组织中成员地位的非既存性、平等性和模糊性的特征，意味着网络资源的共享原则和虚拟组织成员自愿合作原则具有内在联系，其组织结构内部表现为一种柔性的、呈扁平化的结构，意味着动态联盟中的虚拟组织，以各自遵循互惠原则，以达到彼此互利的目的，意味着在现实社会垂直结构必然产生和保持的权威，在网络社会虚拟组织结构中受到削弱和挑战。

3. 网络社会虚拟组织中的角色。社会学理论认为，人的社会角色与社会地位是不可分割的。但当虚拟组织中的地位主要表现为非既存性、平等性和模糊性特征时，将导致虚拟组织中人的角色扮演的模糊。这正是虚拟组织与现实社会组织的重要差异之一。

4. 网络社会虚拟组织中的权威。网络社会虚拟组织的权威与现实社会组织的权威,其差异性主要表现在两个方面:第一,权威作为合法化权力的表现,在虚拟组织中更多地表现为一种技术性权威。这种主要表现为技术性权威。从特定意义上讲,技术性的权威是网络社会组织最高的权威。在虚拟组织中,由于 Internet 服务供应商是物理世界和虚拟世界之间的桥梁,提供网络接入服务、电子邮件、电子账户等服务,因此任何虚拟组织中的权威,优先表现为共性技术的权威。第二,在现实社会组织中,权威一般依附于职位和地位,而在虚拟组织中,虚拟职位的明确使虚拟组织内部的权威表现出来。但在虚拟组织动态联盟中的所谓职位或地位,因参与虚拟组织的"个体"本身也是虚拟组织或个人、由于虚拟组织成员的地位具有模糊性和平等性,因而使其职位难以得到地位的有效支持。所以,虚拟组织中权威的产生,将不同于现实社会组织。

二、网络社会的管理问题

从网络社会的起源考量网络社会虚拟组织,它反映出一定的网络社会结构特征。网络空间的开放性、大众参与性和公开性,决定了网络社会组织管理的民主化特征。

在现实社会中,意识形态的政治取向往往对社会结构的特征——社会组织及其管理产生深刻的影响。因而现实社会公民参与组织,其自治的条件和所能获得的权利,既不能对民族、国家、政府的权力构成阻碍,也不能对现实社会组织及其目标实现构成威胁;否则整个社会结构将被打乱,使组织目标不能实现,使社会良性运行受到阻碍。但在网络社会环境中,虽然强权国家力求在网络社会对现实社会重塑的过程中,形成符合自己政治文化选择的新的强权,但是网络生存使信息资源自由流动与整合的基本作用与功能(或者说是网络生存的基本目的),却与现实社会强权政治文化相冲突。这种冲突我们可以从阿帕网(ARPA)到因特网(Internet)、万维网(WWW)发展的历史环链中看到。虽然今天的因特网与万维网仍然带有发达国家强权政治文化的色彩,但其发展到今天,已经更多地展示出它的开放性、公开性和大众参与性,因而其组织管理的基本价值取向表现为民主性——共同协商、共同制定规范、自治管理等。因此,网络社会组织因受网络自身发展特征的影响,其管理的民主性将表现在三个层次上:一是整个网络社会结构总体上表现出自治管理的民主化特征,任何国家或政府都不能对网络社会及其组织实现单独的垂直管理;二是网络社会组织、社区的微观管理,大多为公开性的和公众参与性的民主自治管理;三是网络社会组织因其虚拟性和组织结构的合作性特征,使共同协商在管理中占有重要的地位,因而民主化管理是其首要的特征。

三、网络社会管理的权威性

现实社会管理控制权源于其政治制度和相关体制的选择与制约。但是在网络社会中,传统意义上的政治制度、体制并不能有效地在网络社会中得到同步性地延伸。当网络社会"自由地"穿越现实社会不同国家的政治疆界时,传统意义上的管理控制权便遭到致命的削弱。网络社会权力的再分配过程,不仅对网络社会权力结构的形成有影响,而且对现实社会的权力结构产生重大影响。由于网络社会具有的跨域性,从而造成现实社会中的任何政府或组织,都很难对其实施统一的或系统的管理控制。这种趋势甚至因为网络新经济、网络企业等的不断发展而得到强化。

网络社会管理的权威源于三个基本要素：一是组织成员共同制定的规范、协议、章程；二是 Internet 服务供应商制定的各种技术要求和规定；三是全球不同国家和民间组织共同参与并制定的网络社会世界性规范。由于网络社会组织的类型不同，因而其组织管理的权威性也存在着强弱之分和动态的嬗变过程。

由于网络的最大特征是分权，因而权力转移的现象在网络社会管理中应当是经常发生的。正如动态的合作型组织，其管理权威既可能随时转移，也可能随着动态合作组织的消解而消亡；而社区组织管理规范的权威性是客观存在的，但因其成员流动的自由性，人们可以随意进入某个社区或离开其管辖区域，其权威性对于组织成员来说，并不如现实社会组织管理那样，表现为"刚性"。从一定意义上讲，网络社会组织管理的权威，更多的是表现在网上公民的自治管理中；表现在网络世界里各国政府与民间组织与机构共同制定并遵守的规范和章程中；表现在 Internet 服务供应商不断改进的技术要求和规范中。

第三章
网络社会文化

第一节　网络社会文化的特征

一、网络社会文化的界定

由于互联网是发展中的新生事物，文化又是一种非常复杂的社会现象，因此，人们对于网络社会文化就很难作出一个明确的界定。有学者认为，网络技术是现代科技进步的表现，同时它也创造了一种新型、时尚、前卫的文化，这种文化便是网络社会文化。另有学者认为，网络文化是基于通信网络的"初级网络文化"和基于大规模智能信息网络的"高级网络文化"。初级网络文化是当前的现实；高级网络文化是初级网络文化发展的方向。桑新民教授认为，网络文化有两层含义：一是指由国际互联网所创造的不同于以往文化形态的一种新文化；二是指对网络的文化思考和文化研究。罗沛露认为，网络文化有两大类：一类是对传统文化的"数字化"或"信息化"，它并不具备新文化的基本特点，不是一种新的文化形式；另一类是由于超文本、多媒体等新技术在因特网上的应用和普及，产生了许多全新的文化艺术形式,是一种全新的文化形态。[1]周毅认为,网络文化有广义和狭义之分。广义的网络文化是以网络技术广泛应用为主要标志的信息时代的文化,可分为物质文化、精神文化和制度文化。狭义的网络文化仅指建立在网络技术和网络经济基础上的精神创造活动及其成果。刘同舫认为,网络文化是基于网络技术的信息文明和精神文明的总和,互联网上的各种网络信息、网络行为及其规则、网络思想价值观念等构成了网络文化的整体内容。

从包含内容的角度,网络社会文化可分为广义、狭义及通常语义三个层面。既然"数字化生存"是信息社会的主流生产方式和生活方式,文化作为折射生活基础的精神世界,其形式和内容自然会发生某种"变异",从而大量地体现知识经济、网络经济的时代特征,因而形成带有自身鲜明特征的网络文化。从这个意义上说,网络社会文化是人类传统文化、传统道德的延伸和多样化展现。根据对网络社会文化所包含内容范围的理解不同,对其含义大致进行了三个层面的划分。首先,最宽泛地说,即广义地说,网络社会文化就是网络时代的人类文化。其次,从狭义的角度,有学者认为,网络社会文化是以网络物质的创造发展为基础的网络精神创造;有学者认为,网络社会文化是人们在互联网这个特殊的世界中,进行工作、交往、学习、沟通、休闲、娱乐等所形成的活动方式及其所反映的价值观念和社会心态等方面的总称。最后,多数学者认为,通常意义上的网络社会文化是指包含狭义的网络文化但比广义的网络文化内涵小的文化形态,即网络社会文化是指人在网络空间进行的精神活动及其产品——包括以"比特"的形式存在或曾经

---

[1] 参见张楠:《公共衍生大数据分析与政府决策过程重构:理论演进与研究展望》,载《中国行政管理》2015年第10期。

存在于网络空间的文字作品、图片、画面等。网络社会文化是指以计算机技术和通信技术融合为物质基础，以发送和接收信息为核心的一种崭新文化。网络社会文化通常是指互联网络中以文字、声音、图像等形态表现出的文化成果，主要包括网络新闻、动漫、网络视频和音乐、网络文学、论坛等。[1]

从构成要素的角度，网络社会文化有"三分法"和"五分法"。由于文化通常意义上可分为物质层面、精神层面以及介于物质与精神之间的制度文化，与之相对应，多数学者把网络社会文化区分为物质、制度与精神三个层面，即"三分法"。有学者认为，网络社会文化，既包括资源系统、信息技术等物质层面的内容，又包括网络活动的道德准则、社会规范、法律制度层面的内容，以及网络活动的价值取向、审美情趣、道德观念、社会心理等精神层面的内容。有学者认为，网络社会文化内分为物质文化、精神文化和制度文化三个要素。物质文化是指以计算机、网络、虚拟现实等构成的网络环境；精神文化主要包括网络内容及其影响下的人们的价值取向、思维方式等，其范围较为广泛；制度文化包括与网络有关的各种规章制度、组织方式等。这些要素不是孤立存在的，而是相互制约、相互影响、相互转换的，显示出网络文化的特殊规律。也有学者把网络社会文化从五个层面进行划分，即"五分法"。一是网络文化行为，网民在网络中的行为方式与活动，大多具有文化的意味，它们是网络社会文化的基本层面，是网络社会文化的其他层面形成的基础。二是网络文化产品，这既包括网民利用网络传播的各种原创的文化产品，例如文章、图片、视频、Flash等，也包括一些组织或商业机构利用网络传播的文化产品。三是网络

---

[1] 参见陈潭、杨孟著:《"互联网+"与"大数据×"驱动下国家治理的权力嬗变》，载《新疆师范大学学报（哲学社会科学版）》2016年第5期。

文化事件，网络中出现的一些具有文化意义的社会事件，它们不仅对于网络社会文化的走向起到一定作用，也会对社会文化发展产生一定影响。四是网络文化现象，有时网络中并不一定发生特定的事件，但是，一些网民行为或网络文化产品等会表现出一定的共同趋向或特征，形成某种文化现象。五是网络文化精神，即网络文化的一些内在特质。目前网络文化精神的主要特点表现为：自由性、开放性、平民性、非主流性等。但随着网络在社会生活中渗透程度的变化，网络文化精神也会发生变化。不同层面的网络文化交织在一起，构成了复杂的网络文化景观。

从传播载体的角度，网络社会文化已得到拓展。很多人曾经认为，网络文化的载体特指因特网。有的学者明确指出，网络社会文化是指在电脑互联网上进行的文化活动。网络社会文化至少有以下两种含义：其一是指由国际互联网所创造的不同于以往文化形态的一种新文化；其二是指对网络（这里特指国际因特网及与其相连的各种局域网）进行文化思考和文化研究。随着科技的快速发展，人们逐渐认识到，网络社会文化的传播载体已不仅仅限于因特网，手机短信息功能的开通及扩展，特别是上网功能的实现及不断增强，使它成为网络文化传播的重要载体。有学者提出，网络社会文化是一种全新的文化表达形态，它以人类最新科技成果的互联网和手机为载体，依托发达而迅捷的信息传输系统，运用一定的语言符号、声响符号和视觉符号等，传播思想、文化、风俗民情，表达看法观点，宣泄情绪意识等，以此进行相互之间的交流、沟通、联系，共同垒筑起一种崭新的思想与文化的表达方式，形成一种崭新的文化风景。今后，随着科技的进一步发展和成功运用于日常生活，网络社会文化载体还可能得到拓展。有的学者是这样给网络文化下定义的，网络社会文化，是人们以网络技术为手段，以数字形式为载体、以网络资源为依托,在从事网络活动时所创造的一种全新形式的文化。网络社会文化是以计算机技术和通信技术融合为物质基础,以传送和接收信息为核心的一种与现实社会文化具有不同特点的文化。这样阐述网络社会文化的概念,并没有明确指出其载体,客观上就为今后学术研究和实践发展预留了更大的空间。

二、网络社会文化的异质性特征

网络社会作为一种社会实存,是人们交互作用的产物,也是人类文明的成果(一种文化形式)。这种文明成果既是人类改造自然的结果,又是人类改造自身的结果。因此,网络文化作为网络社会的客观反映,必然表现出网络社会自身的基本特征;同时又对现实社会文化的某些特性给予影响和作用。

(一)网络社会文化的开放性

网络社会文化具备了现实社会文化的基础特点,也就是社会学眼中的对于文化探究的理论典型代表和特点:超越生理性、超越人性以及复合性、代表性、传递性与变迁性等。可是因为网络社会本身也具备超越现实社会的跨地域特性与公开性特点,所以会让网络社会文化在总体上就具备了极其显著的开放性特点。这种开放性特点是网络社会无边界区域带来的,这种氛围让现实生活中的人在普通文化观念方面的见解产生改变,进而对现实社会造成了严重的影响,原因在于网络社会文化的发展具备了超出国家范围的开放性、不一致性以及跨地域性。倘若说工业化属于人类社会纵向拓展的杠杆,全球化属于人类社会横向发展的机会,那么网络社会的存在就是人类纵向与横向拓展互相交融的场景,因此网络社会文化也是对这一创造过程的真实体现。在此过程中不仅会导致对现实生活以及民族文化的代表性，例如"Black is beautiful"（"黑色是美的"）的文化口号，就不会再具备特殊的代表性含义，并且会让民族国家制度文化的管控力度减弱，变成能够自由跨越国家传统政治边界，数据流中点对点地超越国家政治边界的数字化电子数据的传递方式。也许就是因为"开放性"属于网络社会生存和发展的必要前提，所以，由于网络社会本身的拓展，接触网络社会并沉迷其中的人逐渐增多，开放性就会越强，对于封闭和管制的执行难度就越大，网络社会文化的开放性也因此持续地增强。

（二）网络社会文化的互融性

在现实社会中，以民族国家独特的历史、种族特性和传统铸就的文化，都被不同民族或国家遵从与恪守，并作为民族国家主文化的构成内容而得到宣扬。虽然在20世纪下半叶，现实世界已提倡接受和赞美不同的文化遗产的多文化主义，如世界各国大都认识到吸取和借鉴一切优秀的人类文化成果的重要性，但由于不同民族或国家制度文化选择的差异所决定，吸取和借鉴的目的在于培植和补充其主文化，即文化的开放是在不削弱和动摇民族国家主文化的价值取向中实践的。因而"多文化主义"在现实社会发展中，一直都面临着民族性和制度文化的巨大挑战。然而，网络社会文化虽然也带有现实社会强权政治文化的色彩，如Internet和Windows视窗等，客观上强迫不同民族按照美国人理解其他民族文化的方式理解本民族的文化，使得"跨文化主义"同样面临着挑战；但是，"跨文化主义"面临挑战的背景已不同于现实社会"多文化主义"生存的背景，即网络社会文化一方面没有明确的、某种特定制度文化的背景；另一方面，即使现在某些特定的制度文化，如强权政治文化的作祟在网络社会环境中还鲜明地表现出来，但其发展趋势是走向弱势。因而，不同民族文化在网络社会环境中的自由张扬不仅将成为可能,而且会使全球化中因资源流动性增加和种族混杂引发的"跨文化主义"的社会效应扩大,从而更具有必然的性质。伴随欧洲与亚洲乃至全世界因特网用户数量的不断增加,因特网的现状也悄然发生着巨大改变,它不仅拥有多种语言、多种文化,而且还具有多极性的特性,从而使得互联网成为一个多元文化的交流平台。所以,"互融性"无疑是一个重要的里程碑,它不仅为各种民族和国家的文化发展提供了一个广阔的舞台,也在推动着传统的政治、经济和文化的变革,从而改变着历史的轨迹。尽管建立一个规范有序的互联网可能需要一段艰辛的时间,但是我们仍然有责任积极参与,共同推动网络社会文化的发展,共同创造一个更加美好的未来。

(三) 网络社会文化的发展叠加性

从某种意义上来看,网络和网络社会的发展相互结合,其特征在现实社会中更加鲜明。在当今社会,有些人对网络经济做出了这样的评价,网络经济就像"通吃经济",它直接、迅速、高效的结合,显示了一种不加掩饰的发展。戚攻在《论中国社会转型的发展叠加性》中第一次提出"发展叠加性"的理论。"发展叠加性"的含义主要表现在三方面,第一,是一种状态,它是指社会不断变化和改革,这两种方法交叉和融合,让社会发展更加迅速,将模糊的生产力在不同阶段的生产水平的界限给打破;第二,是过程和现象的一种体现,它是指社会在不断发展过程中,会有不同发展阶段的任务需要完成,让社会的发展目标和社会的发展任务相互融合、交叉、复合;第三,是趋势的表现,它指国家、地区、城镇的经济文化和政治发展水平越高、越和谐、越全面,它们的发展空间就会越广阔,机会是相互联系的特点更加明显。以这一理论定义为基础,来对网络社会文化的发展重叠性进行理解,尽管对它的认识还有待进一步深化，但从"发展重叠性"的广义定义来对网络及其发展的特点进行考察，可以说它为人们提供了一种新的理论视角，也成为人们认识和判断网络社会文化发展的一个重要维度。众所周知，"网络社会"的概念和特点具有"世界性"，但是从当前社会的角度来看，国家的不同、民族的不同，导致其主体和区域性也有一定区别，网络社会具有民族性和国家性的特点。所以，在网络社会中，不同民族和不同国家的网络社会文化相互融合在一起，从理论的角度来看，这使得后发展地区的网络文化有了展现自身发展叠加特征的可能；另一方面，也正是从这一角度出发，使得网络社会文化的整体发展呈现出一种发展叠加的特点。

三、网络文化与现实文化的嫁接

文化的变迁性和文化堕距现象的产生，是社会发展在文化上必然表现的特性。网络社会文化既是现实社会文化的延伸和投射（所谓投射，意指现实社会文化的哲学范式和价值观在网络社会文化中的表现），又是对现实社会文化的新发展。社会学认为，不同文化之间的接触（政治学将"接触"这一现象视为文化冲突和碰撞），将使不同民族、国家在技术、生活方式、价值观、文化交流方式与文化流动载体等方面交流和碰撞，引发大的文化变迁；有学者认为，在科学技术的作用下，各种技术的发明、创造，也将导致大的文化变迁。当人们逐步认同数字世界正改变着人们对生产与生活的判断时，自然也应当意识到网络社会环境提供了引发现实社会文化大变迁的条件。这种"条件"的具备，是由于网络社会文化自身的变迁较少受到现实社会制度文化的束缚与控制。因而，网络社会文化变迁对于现实社会文化变迁表现出不同的特点：

第一,随着科技的飞速发展,人类社会已经进入了信息时代,网络文化已经成为当代社会文化的重要组成部分。在网络社会中,人们的交流方式发生了巨大的变化,人们的文化交流也呈现出新的特点。首先,网络社会的文化交流具有超越时空的特性,这主要得益于网络技术的发展。在现实社会中,人们的文化交流受到物理时空环境和条件的限制,人们很难跨越地域的界限进行文化交流。然而,在网络社会中,人们可以通过互联网进行实时的信息交流,不受地理位置的限制。这使得人们可以在任何时间、任何地点进行文化交流,从而使得网络社会文化的交流更加自由和广泛。其次,网络社会文化的交流更加便捷和高效。在现实社会中,人们的文化交流往往需要面对面地进行,这不仅耗时耗力,而且还可能受到各种因素的制约。然而,在网络社会中,人们可以通过各种网络平台进行实时的信息交流,这不仅大大提高了文化交流的效率,而且还降低了文化交流的成本。此外,网络社会中的文化交流还可以通过各种形式进行,如文字、图片、音频、视频等,这使得人们可以更加直观和全面地了解和体验其他地区的文化。再其次,网络社会文化的交流更加多样化。在现实社会中,人们的文化交流往往受到地域、语言、宗教等因素的限制,这使得人们的文化交流相对单一。然而,在网络社会中,人们可以通过各种方式进行文化交流,如文字、图片、音频、视频等。这使得人们可以更加全面地了解和体验其他地区的文化,从而使得网络社会文化的交流更加丰富多彩。最后,网络社会文化的交流还可以促进文化创新和传播。在现实社会中,人们的文化创新和传播往往受到各种因素的制约,这使得文化的创新和传播相对缓慢。然而,在网络社会中,人们可以通过互联网进行实时的信息交流,这使得人们可以更加迅速地了解和接受新的文化信息。这不仅可以促进文化的创新和传播，而且还可以推动文化的全球化进程。

第二，在现实社会中，文化的变迁往往会产生"文化堕距"现象，即文化的传播和演变速度在不同地区和社会阶层之间存在差异，这种差异可能会导致文化差距的加大和文化冲突的加剧。然而，在网络社会中，这种现象的出现和影响程度将会大大降低。网络社会文化的变迁与现实社会文化变迁的最大不同在于，网络社会中的文化交流打破了地域和时间的限制，使得各种文化可以更加平等地进行交流和碰撞。在网络环境下，每个人都可以成为文化交流的主体，无论他们身处何地、属于哪个社会阶层，都可以自由地表达自己的观点和看法，分享自己的文化产品。这种平等的交流权利在网络社会中得到了强化，使得"文化堕距"现象在一定程度上得到了消解。此外，网络社会中的信息传播速度极快，新的文化现象和观点可以迅速传播到全球各地。这种快速的传播方式使得文化变迁的速度加快，各种文化元素得以在多元文化背景下进行重组和创新。这种文化变迁的速度和广度在现实社会中是难以想象的，也使得"文化堕距"现象在网络社会中得到了缓解。

第三，在现实社会中，由于受到地理空间和文化传统的限制，文化变迁往往是缓慢的，而且受到各种制度和规范的制约。然而，在网络社会环境中，由于其全球性、公开性和开放性的特征，文化变迁的速度得到了极大的提升。这种提升不仅体现在文化的传播速度上，更体现在文化的创新和交流上。首先，网络社会环境的全球性特征使得文化变迁具有了更广泛的范围。在网络社会中，人们可以在任何时间、任何地点接收到来自世界各地的信息，这使得文化变迁不再受限于地理空间的限制。这种全球性的特性使得各种文化可以在网络社会中自由流动，从而使得文化变迁的速度得到极大的提升。其次，网络社会环境的公开性和开放性特征使得文化变迁具有了更高的自由度。在网络社会中，人们可以自由地表达自己的观点和想法，也可以自由地接收到来自世界各地的信息，这种自由度使得文化变迁不再受限于各种制度和规范的制约，从而使得文化变迁的速度得到极大的提升。

第二节　网络社会文化的区分

网络社会文化区分的意义在于，对"网络社会文化"作理论解析，并在此基础上，揭示和把握网络社会文化的特殊性。在社会学研究中，文化区分的视野主要包括：物质文化与非物质文化、主文化与亚文化、主文化与反文化，等等；但在网络社会文化的研究中，不仅要借助社会学理论作出解析，更重要的是确立网络社会文化研究具有特殊性的理论范畴。因为社会学研究现实文化的理论范畴，已经不能涵盖网络社会文化所包含的内容。

一、网络社会文化的多维现象

文化区分的首要工作是研究子项的分类；而不同的分类标准，决定了研究价值取向的差异和研究目标的差异。对网络社会文化的分类，主要有以下几个理论视角。

1. 从文化存在的基本形态划分，网络社会文化可以借助社会学的理论范畴：网络社会物质文化与非物质文化。网络社会物质文化指支持网络社会产生并发展的、一切由人加工并体现了人的思想的东西，即构成网络社会的一切物质的东西，如计算机与网络和通信设施，等等。网络社会非物质文化是指一切因网络而生的精神文化。这里的所谓"精神文化"既包括人们从现实社会出发,针对网络社会空间和环境确立的制度、规范,以及由此形成的观念;又包括由网络自身特征决定并产生的文化,如域名文化、匿名文化、黑客文化,等等。虽然在表面上,网络社会物质文化与非物质文化的理论界域不具有对称性,但它并不否定以上划分所具有的科学性。这是因为:一是以上界定没有割断现实社会与网络社会之间的联系,即无论是网络社会的物质文化还是非物质文化,都是现实社会的延伸和投射;二是现实社会的一部分物质文化构成了网络社会物质文化的内容,同时,这一部分"构成"的外部轮廓是非常清晰的;三是在网络社会非物质文化中,只有一部分,即网络自身特性决定的那部分精神文化轮廓清晰,而更多的精神文化的内容,是在现实社会与网络社会之间"流动"着。

2. 从文化生存的空间与涉及的领域来分类,可以将整个网络社会文化分成两类,分别是社区性文化与全球性文化两种。所谓的全球性文化,是通过网络社会使全世界的多数人能够接受并在整个网络世界中占主要部分的文化,就比如域名文化、电子商务规范等。网络社区文化就是指在网络社会中存在着种种文化。例如:第一层次上有英文网络社区、中文网络社区等多种社区类型;第二层次则是不同专业性质的网络社区文化,例如:从经典社会学的视角来审视这种现象,那么相对应的理论范畴有主文化与亚文化区分。

但主文化与亚文化范畴在网络社会中却有所不同。正如,当人们把网络理解为全球性的资源或环境时,那么,"主文化与亚文化"的理论范畴就很难体现这一性质。这是因为社会学研究的主文化,最宏观的视野是以民族国家为载体;而对"亚文化"的判断,必然受到主文化理论研究域的限制。当然,如果

第三章　网络社会文化

我们考虑到网络社会空间与环境的全球性，从而把理论视野扩大到：网络社会文化是主文化，而民族国家的文化是亚文化的界面，那么，不仅主文化与亚文化的范畴需要重新界定，而且要引起民族国家内部，如民族亚文化、职业亚文化、越轨亚文化等研究域的混乱和混淆。由于区域性文化（有的人称之为"地域性文化"）中的一部分，很容易被转移到网络上，使其被"转移"的部分更多地带有中性文化或全球性文化的特征。所以，如果把民族国家中占主导地位的文化视为主文化，而把网络社会文化视为亚文化，那么由于网络的生存而产生的跨文化主义现象、在全球范围内生存的共性文化现象，即中性文化现象等，又将很难作出明确的解释。因此，把网络社会文化发展中产生的全球性文化与不同网络社区的社区文化，作为一对研究范畴，或许更能反映网络社会文化的特点。

3. 在网络社会中，我们所面对的文化现象是多元且复杂的。从宏观上看，网络社会中的文化现象可以分为虚拟文化和一般制度文化、管理文化、匿名文化、隐私文化、符号文化和黑客文化，等等。这些文化现象在网络社会中都有其独特的存在方式和表现形式。在这些文化现象中，经典社会学提出的评比性文化与非评比性文化理论范畴在网络社会中的运用，往往是并存的。这种重叠与交叉的现象，与现实社会文化研究中运用有区别的评比性文化与非评比性文化理论范畴有所不同。在现实社会中，评比性文化与非评比性文化的界限是相对明确的，人们可以通过对文化的评比性与非评比性的判断，来理解和评价一个文化现象。然而，在网络社会中，这种界线往往变得模糊不清。例如，网络社会中的匿名文化就是一个典型的例子。对于匿名文化，有人赞同其带来的自由和创新，认为它可以保护个人隐私，促进信息的自由流通；而有人反对，认为匿名文化助长了网络暴力和谣言传播,破坏了社会秩序。这种截然不同的观点,反映了人们在面对网络社会文化现象时,对于评比性文化和非评比性文化的理解和判断的模糊性。然而,这种模糊性或许正是网络社会文化具体研究对象的特殊性所在。在网络社会中,文化的交流和变迁不再受到物理时空的限制,而是受到网络技术、网络社区、网络行为等多种因素的影响。这种情况下,评比性文化和非评比性文化的界限变得模糊,人们对于文化的理解和评价也变得复杂。

这种复杂性和模糊性并不意味着我们在面对网络社会中的文化现象时,就无法进行有效的研究和评价。相反,正是因为网络社会中的文化现象具有这种复杂性和模糊性,我们才需要更加深入地去理解和分析这些现象,才能更好地把握其本质和规律。

二、网络社会文化的特殊类型

网络社会文化虽然是现实社会文化的延伸和投射,但网络社会的虚拟性对现实社会文化的再造,使其表现出自身的特性。

1. 网络社会文化中的虚拟文化,是其最主要的文化特征。"虚拟现实"一词来自英文"virtual reality"。"virtual reality"既可译为"虚拟现实",也可译为"幻真现实"。"virtual"的背后是指一种十分逼真的模拟效果。虽然"虚拟现实"早已有之,但它因为信息技术和网络技术的发展与结合,使"虚拟文化"的特征凸显出来。

一般而言,虚拟文化包括两个方面的内容:一是网络社会发展中的虚拟技术;二是人们在网络社会中形成的虚拟意识和观念,以及由此导致的虚拟行为与模式。对于前者,虚拟现实技术(VR)是多媒体的主要分支。正如尼葛洛庞帝所说,虚拟

第三章　网络社会文化

现实是电子手段模拟现实环境，它影响使用者的感官，使他相信模拟的虚拟环境是真实的。虚拟现实技术与宽带网通信的结合，在拓展人们虚拟的生活空间的同时，也为人们揭示真实世界里的科技之迷提供了可能，如虚拟现实技术正运用在科学研究、医学、航空航天、心理学等许多领域，甚至运用在虚拟现实的婚礼上。对于后者，由于虚拟现实能够使人产生"身临其境"的感觉，因而对现实生活中人们的心理调适和需求的满足有积极作用。在实现社会里，人们面对面或两个人在电话上交谈，都是实时的同步交流与互动，但网络社会的虚拟环境，却提供了人们全新的延时交流与互动的环境和条件。所以，当人们在网络社会环境中，把虚拟现实作为一种真实时，人们的虚拟意识和观念也由此产生。换言之，因为网络社会的虚拟性，人们在网络社会环境中的互动便产生了匿名文化、黑客文化等现象。

2. 匿名文化是网络社会文化的特殊文化现象。从中国文化的角度理解网络社会文化中的匿名文化，它具有"虚拟中的虚拟"的特征。这种特征对人的社会交往具有重要的意义，特别是人的早期社会化。正如埃瑟·戴森所说，匿名是一种非常有用的机制：人们可以在把后果降至最轻微的程度的同时，肆无忌惮地发表自己的看法，对各种主张和幻想加以摸索和尝试，并避开社会的非议；她说，虽然匿名本身并不一定多么可取，但它常常代表着对一个并不完美的世界的理性回应：在最坏的情况下作最好的打算。或者，它也可能只是儿童经历某一成长阶段时的一种发泄方式。当网络社会的虚拟性使人们以匿名方式交往时，特别是在网上聊天室与讨论组中，即使你是真实的，人们也会因为匿名文化现象的存在而作出"非"的判断。从一定意义上讲，"虚拟中的虚拟"文化现象，是现实社会自身有虚拟的社会现象，从而在网络社会中的投射；只是网络社会环境把它放大了而已。虽然现实社会中人们期望在虚拟世界这个能够真正公开的世界里，像讹诈这样的事情不可能发生，但理想主义或完美主义者也深知它的不现实。由此，我们在承认网络社会的匿名文化有其自身存在的客观性时，也必然要提出：匿名文化对社会发展有什么影响？它对人们的社会心理会投下怎样的阴影？它是否会导致交往中人际关系的错位和信任度从一个侧面降低？

3. 网络社会文化中的黑客文化。"黑客文化"因个人计算机的普及和网络社会环境（信息资源环境）的生存而得到彰显。作出这样的判断，是因为"黑客"（hacker）一词的来源和它延伸的历史给予人的启示。所谓"黑客"源于英文动词 hack 意为"劈，砍、劈出"。这个词以后被引申为"开辟出……"或"干出了……"或"创造了……"。这种文化理念诞生于 20 世纪早期的美国麻省理工学院，而后得到美国斯坦福大学的发展。这种文化理念作为美国早期的人文精神，并在 20 世纪 60、70 年代传扬开来，是因其内在的合理价值：不迷信权威、创造精神和反叛精神。所以在 20 世纪 60、70 年代，做一名计算机"黑客"不仅是荣耀的，而且在史蒂夫·利维写的《黑客：计算机时代的英雄》一书中还给予了高度的评价。现在，个人电脑的逐步普及和信息技术和网络技术的发展，使"黑客"一词发生了历史性的变迁。虽然一些坚守早期"黑客精神"的人信奉"黑客守则"：信息免费共享、绝不破坏数据，力求把各种计算机犯罪分子与自身区分开来，但社会逐步形成的"黑客文化"理念并不认可，人们甚至把各种计算机犯罪分子、电脑捣蛋分子，以及那些未经同意任意进入特定电脑网络的人等，都简单地一律视为"黑客"，从而使"黑客文化"具有了更加广泛的含义。另外，2001年3月~4月间，在中国网站上，出现了所谓的"网络红客"的网络社会文化现象。其网址是（www.cnhonker.com），简称"H. U. C"。虽然有的报纸认为"红客联盟"是一个网络安全组织，但这一组织在维护其网络安全的同时，以对其他网站进行所谓"爱国主义式"的攻击（反击），与早期"黑客文化"现象与"黑客精神"并不等同。

4. 网络社会文化中的符号文化，又被称为符码文化，是一种与电脑世界特性紧密联系的文化现象。在网络社会中，不同的电脑键盘符码组合代表着不同的或特定的意义，这种独特的符号文化已经成为网络世界的一种重要特征。它的产生和日益广泛运用，不仅缩短了网络社会人际交流的时空，而且创造出一种新的人际沟通方式，以及新的电脑文字与交流符号（具有一定的象形文字的特征）。首先，符号文化的出现和发展是网络社会中信息传播和交流需求的一种体现。在网络环境下，人们需要一种简洁、高效的方式来传递信息和表达观点，而符号文化正好满足了这一需求。通过使用符号、表情、缩写等非文字元素，人们可以在短时间内传达丰富的情感和信息，使得网络交流更加高效和便捷。其次，符号文化为网络社会人际交流带来了新的方式和特点。在现实社会中，人们通过语言、肢体语言、面部表情等方式进行交流，而在网络社会中，符号文化成为一种重要的交流手段。通过使用符号、表情等元素，人们可以在网络交流中更好地传达情感，弥补文字交流中的情感缺失。再其次，符号文化也使得网络交流更具创意性和趣味性，为人们的生活增添了更多的乐趣。最后，符号文化对网络社会中的文字和语言也产生了影响。在网络环境中，为了更高效地传递信息，人们开始使用简短、简洁的词语和缩写，甚至创造了一些具有象形文字特征的新符号。这些新的文字和符号逐渐成为网络社会的一种独特语言，丰富了网络文化的内涵。

总之，网络社会文化众多特殊的文化现象，正随着网络社会自身的发展而发展。许多新的社会现象，即文化现象需要人们不断去认识和研究，如网络社会的一般制度文化是否属于中性文化？它将以什么方式穿越民族国家的制度文化，并与不同民族国家的制度文化相整合？又如，网络社会的隐私文化与现实社会隐私文化有何区别？匿名文化的发展趋势是什么？"黑客文化"是否需要重新界定，以及怎样看待所谓"红客文化"现象，等等。

三、随风而逝的网络文化拟像

网络社会文化的构成，一方面是现实社会各种文化现象在网络社会环境中的反映，另一方面是网络社会自身虚拟性的反映。网络社会作为现实社会的延伸，其虚拟性决定了网络社会文化具有对现实社会文化的拟像特征。

网络社会对现实社会的虚拟，为人们的实践活动提供了一种全新的环境。一方面，网络社会使得人们能够认知和感受到现实社会暂时不能提供、但已确实存在的"生活"，从而使人们能够获得更加丰富的感性知识。另一方面，虚拟的网络社会为人们创造了现实社会实践环境暂时难以达到的条件，如儿童早期社会化的实践条件，从而通过虚拟的实践过程帮助人们由感性认识上升到理性认识。第一，网络社会为人们提供了认知和感受现实社会暂时不能提供的"生活"的途径。在网络社会中，人们可以通过虚拟现实、在线游戏、社交媒体等方式，体验和感知到各种不同的生活方式和文化现象。例如，通过虚拟现实技术，人们可以体验到在现实中无法实现的探险、旅游等活动；通过在线游戏，人们可以体验到各种不同的角色和生活情境；

通过社交媒体，人们可以了解到各种不同的文化和观念。这些丰富的体验和感知，使人们能够更加全面地了解现实社会，从而丰富人们的感性知识。第二，网络社会为人们创造了现实社会实践环境暂时难以达到的条件。例如，在儿童早期社会化过程中，网络社会提供了一个相对安全和便捷的环境，使儿童能够在虚拟世界中学习与人交往、解决问题等社会技能。第三，网络社会也为人们提供了一个可以自由探索和实验的平台，人们可以在虚拟世界中尝试新的想法和观念，从而深化对现实社会的理解。网络社会文化所特有的拟像作用，对于开拓人们的视野、丰富人们对现实存在的认识、提高人们对未来世界发展变化的适应能力等方面，无疑提供了更加广阔的空间和条件。在网络社会中，人们可以跨越地域和时间的限制，接触到各种不同的文化和观念，从而开拓视野，丰富对现实存在的认识。第四，网络社会也使得人们能够更快地适应未来世界的发展变化，因为网络社会中的虚拟实践，可以帮助人们预先感知和理解未来社会的变革。在这个意义上，虚拟的网络社会可以被视为人类生存的"另类空间"，它为人们提供了与现实社会相互补充、相互促进的实践环境。第五，网络社会文化也可以被视为人类文化的"另一半"，它为人们提供了与现实文化相互补充、相互促进的认知和体验。正是通过这个"另类空间"和"另一半文化"，人们能够更好地认识和理解现实社会，从而更好地适应和引领未来社会的发展。

在网络社会中，由于其独特的拟像作用，能够客观地表现现实社会文化的各种冲突，并使这些"冲突"以讨论的方式，或者说以更加"和平"的方式消解。这种拟像作用不仅可以为现实社会文化间的冲突，特别是制度文化的冲突、价值观的冲突等难以避免的激烈碰撞，找到可以借鉴的某种途径，而且也可以为现实社会的政治生活、经济活动、社会生活等方面提供一个新的观察和思考的角度。首先，网络社会文化中的拟像作用，为现实社会文化间的冲突提供了可以借鉴的途径。在现实社会中，由于文化背景的差异、历史传统的不同、价值观念的冲突等因素，不同文化之间的冲突是难以避免的。然而，这些冲突往往会引发激烈的争论和对立，甚至可能导致社会的不稳定和冲突的升级。然而，在网络社会中，这种冲突可以以一种更加"和平"的方式进行，即通过网络平台进行公开的讨论和交流。这样，不仅可以使得不同文化之间的冲突得到公开和充分的表达，而且也可以使得不同文化之间的冲突得到更加深入和全面的理解。通过这种方式，不同文化之间的冲突可以得到更加有效的解决，从而促进文化的发展和融合。其次，网络社会文化中的拟像作用，为现实社会的政治生活、经济活动、社会生活等提供了新的观察和思考的角度。在网络社会中，人们可以通过网络平台对现实社会的生活进行全面和深入的观察和思考。这样，不仅可以使得人们对现实社会的生活有更加全面和深入的理解，而且也可以使得人们对现实社会的生活有更加独立和自由的判断。通过这种方式，人们可以更好地理解和把握现实社会的发展趋势，从而更好地指导自己的行动和选择。

第三节　网络社会文化的功能与影响

社会学认为，一个社会的文化内容是各种文化特质的总和，而文化特质是组成文化的基本要素或最小单位（有物质的和非物质的）。如中国传统文化中的物质文化特质：笔、墨、砚、二胡、琵琶、故宫、长城等；非物质文化特质：红白喜事的观念、作揖下跪的礼仪等。这些鲜明的文化特质反映了我们中华民族的历史与人文。它不可能与别的民族的文化特质混淆,具有鲜明的个性特征。而网络社会文化的特质,在物质文化方面有:个人电脑、网络终端设施、通信设备、光缆、卫星、磁盘等;在非物质文化方面有:程序、信息、技术、网络规范、点击、下载、粘贴,等等。由于文化特质作为一种特定单位,界限的大小要随研究的目标来设定,所以,如果把网络社会与现实社会相对应,即从"现实社会文化特质"与"网络社会文化特质"角度研究问题,那么,网络社会文化中的这些物质的与非物质的文化特质,并不反映某个特定民族或国家的"个性";而恰恰相反,它是一种"中性的"文化特质,具有非评比性文化的特征(即中性文化,没有优劣之分和高下之分)。虽然社会学认为,中性文化是民族分野的重要标志,与人们的日常生活密切相关,但网络社会文化作为一种中性文化的特殊性在于:它是全球性的,是与人们的日常生活联系紧密,却未必是民族分野的标志(这对社会学研究虚拟的网络社会文化提出了新的挑战)。当然,也可以把网络社会文化特质称为"文化共性特质",以区别于"文化特质"一说。但无论怎样明确其理论界说,以上的分析都证明了一个事实,那就是:网络社会文化的"文化特质",有别于整个现实社会中各种不同文化的文化特质,因而网络社会文化对现实社会不同民族或国家的文化将产生深远的影响。

一、虚拟文化放大"真实"的作用与功能

网络是一种全球性资源:网络社会既是人们生产、使用、获取和分配资源的环境,也是各种社会组织重新整合、人际互动与交流的环境和空间,而网络社会文化是它的反映。网络社会的虚拟性、开放性和全球性特征,决定了网络社会文化具有

全球性的特征。不同民族和国家、政府和各种社会组织、个人利用网络资源或走进网络社会，都必须把共性寓于个性之中，以求得发展。这就为网络社会文化影响现实社会不同民族国家的文化提供了必然。从一定意义上讲，网络社会文化的核心是互动文化；而互动文化的核心是网际网络，它提供了分散式的共享系统，并消解了现实社会的层级式系统。这正如唐·泰普斯科特所说，在网际网络上，每个人都是文化的制作者和参与者，网际网络的目的就是建立传播沟通的桥梁，回馈不断在使用者之间循环进行，它最初的构建及以后的维护都不是依赖支援技术，而是每一位参与者。由此，网络社会文化对人类社会而言，所发挥的最重要作用就是整合。

这里的所谓"整合"，有四层含义：一是网络产生、发展的过程既是物质要件与技术整合的过程，又是人类智慧与创造力的整合过程；二是整合既包括物理的、物质层级结构与功能的整合，又包括社会层级结构与要素的整合；三是整合既涉及社会组织形态的一般模式，又涉及社会组织的管理方式和基本功能；四是整合既改变社会互动的时空条件与环境，又改变人际互动的方式与途径。为此，网络社会文化作为这一切的客观反映的展现，表明网络社会不仅是物的连接，更是人的智力和知识的连接；而连接了人的智力，不仅意味着连接了知识，更意味着连接了人类共同劳动中的创造力。

二、网络文化对中国文化的"再造"

当我们以发展的眼光和积极的社会心态思考问题，我们就可能作出这样的判断：网络作为一种全球性资源，世界各民族都将力求共享；网络社会作为一种环境，为全人类提供了分享知识的条件。回视知识与科学技术在人类社会变迁中的作用，可以发现一种规律：知识的分享与共享能够提升文化、丰富文化。知识与科学技术的这种加乘效应（在知识基础上再增加知识）在提升文化的同时，也在改造着、变更着和发展着文化；同时，由于网络社会文化环境的开放性增强了知识的加乘效应，因而对不同民族文化的影响，尤其是对历史与传统底蕴特别深厚的社会文化的影响，将会是特别巨大的。

第一是对中国传统文化的影响。中国有着五千年的历史与文化。从整个人类社会发展来考量，中国悠久的传统文化代表着东方世界的人文精神与理念（自立自强与儒家学说）。因而网络社会文化对中国社会文化的影响，首先表现为对中国传统文化冲击。这种冲击的表现是多方面的，但主要表现在：一是以中国传统文化为核心的东方传统文化的优越性将受到冲击；二是以中国传统文化为基础的东方传统文化延续方式将受到冲击；三是东方文化自我完善与发展的过程（路径）将受到冲击。第二是对中国现实社会文化的影响，而这种影响主要表现在：一是网络社会文化塑造共性文化的必然，是同全球化塑造人类发展共性（总体上）相联系的，中国社会文化是具有鲜明个性的文化，因而影响必然、整合必然；二是网络社会文化从一定意义上讲是现实社会强权文化的投射，因而网络社会文化对中国现实文化的影响将表现在各个方面；三是中国现实文化自身发展的环境和空间将更加宽阔，因而"影响"将呈逐渐扩大趋势；四是中国现实社会文化发展的动力因素既得到增强同时也表现出动力要素多元的特征：正如埃瑟·戴森所说，网络将提供积极的参与而不是消极的旁观。如此，等等。

三、人类最后的精神寄托

当网络社会成为虚拟的和不断扩张的社会实存时，走进网络社会就意味着我们身处一个与我们的现实社会所不同的世界之中。正如人们说，如果它逼真地收集了我们所作的一切运动，那么，我们怎么区分真实的、有形的世界与这种交互作用呢？而且，网络最大的希望与特点在于，它将首先把人们带到网上，然后再在总体上逐步改变他们的生活体验。而正是这样的种种"体验"，使人与网络、网络与人之间可能产生出强大的亲合力：使人们把更多的注意力和创造力投入其间；使人们可能把大量的时间、情感需求、文化需求寄予其中。

我们可以试举几个方面，来说明和展示网络社会可能给人们提供的各种体验，以及这种体验对人类自身的影响：一是"体验"表现在经济上，会使所有的人和物之间的内在互联性，改变整个外部世界的公司观念；会因知识经济、信息经济的发展产生"知识—资本"和"人力—资本"的价值理念，使传统的资本与雇佣劳动关系发生某种相应的变化，即谁掌握和拥有知识，谁就掌控着资本；谁掌握着有知识的人，谁就能使新型的"资本"增值；从而逐步消解资本社会的层级结构对人的发展的制约。二是"体验"表现在社会结构上，会使现实社会的权力结构发生相应的改变，并使其原有功能被削弱；由此，现实社会垂直交往结构与关系网络给人们身心造成的种种压力将减弱，使人们更愿意在网络社会"自由"的环境中互动与交流。三是"体验"表现在社会实践过程中，会使人们在网络社会中的交往具有延时性和跨时空的特征，使人们不仅更容易走进自己的历史，而且还更容易走进"未来"；同时，网络社会所提供的实践环境和条件，还能够把人们无法预测到的种种风险降低到最低的程度，从而使人们更愿意积极地参与网络社会的实践。四是"体验"表现在网络社会文化上：从社会文化的角度讲，一方面我们不赞成比尔·盖茨所说的"Internet 没有摩擦"的观点，另一方面我们也辩证地看待埃瑟·戴森提出的，网络的自由精神是它本身就存在于网络之中的问题；因为，网络社会文化不是固定不变的，既然网络社会环境能够在一定程度上改变加入网络的人，那么，至少在理论上，所有的网民、特别是新网民都可能或正在改变着网络社会本身；同时，当网络社会文化的包容性远远强于现实社会文化时，还提供了各种不同文化整合的"和平"环境（在网上，任何人都可以随时避开或主动"点击"那些锋芒毕露的文化，并参与或修正它），从而使网络社会成为人类磨合在现实社会环境中难以消除的文化裂痕的环境。

第四章
网络秩序的规范

第一节 网络伦理的理论分析

一、网络伦理的界定

网络应用涉及人们的行为,涉及个人、社会、企业、社会团体等各方面的利益。网络伦理正是为了熟悉调节信息与网络技术应用,同时调节各种复杂的利益问题,从而实现自身存在的正当性。

所谓网络伦理是指对网络行为所引起的伦理问题进行的理论分析与经验归纳,目的是制定网络行为规范和评估网络应用政策。狭义的网络伦理研究对象是微观层面上的网络空间中的网络伦理行为问题;广义的网络伦理研究对象是宏观层面上的网络空间中社会影响下的网络行为问题。网络伦理和计算机伦理是交叉关系,在本书中二者可交替使用。

网络伦理是科技伦理的一种,属于应用伦理的范围,具有交叉学科性质。网络伦理包括两个层面:伦理层面和应用层面。首先,网络伦理的研究应用了伦理学的学术规范;其次,网络伦理的研究注重应用取向。所以,网络伦理既具有理论性,也具有操作性。

网络伦理得以成立的基础包括物质基础、实践基础和理论基础。网络伦理赖以存在的物质基础是指网络信息与网络技术开发和应用中的利益,包括群体的公共利益和个体的特殊利益。网络伦理的实践基础就是网络行为,包括个体行为和群体行为、网络行为和其他社会行为。网络伦理的理论基础包括哲学理论基础和伦理理论基础,哲学理论基础主要是后现代主义哲学,后现代主义的"你想怎样就能怎样"或"怎样都行"、无主题、无中心、无权威、多元化、表面化、个体自主、动态的联系、语言文字游戏等特点恰好在网络中找到了它理想的范本;伦理理论基础是原来的德性伦理、规范伦理以及元伦理学理论。

  网络伦理是理论伦理和网络应用的产物,所以不能脱离具象的应用来谈玄论道以至于流于空幻虚无,也不能滞留于形而下的就事论事而弱化了批判反思能力。在关于行为的原理中,虽然那些普遍原理适用性更为广泛,但是那些部分的原理却有更大的真理性。因为行为是关于个别事物的,所以我们的理论也应该与个别事物保持一致。个人的网络行为不仅存在"能不能"的技术操作规定,还存在"该不该"的伦理道德要求,个人"能够"采取一种特殊的行为并不意味着他"应该"采取那样的行为。所以除非人们普遍允许他们的精神繁荣的利益取得优先于其物质繁荣的利益取得,否则所有将被提出来用以防止计算机统治的措施都不会有任何真正的效果,只要涉及技术发展,人们必须用超越主观的规范性原则来约束自己。但是网络技术的发展不断提出新的问题,促使网络伦理的一般原则和规范也发生相应的改变,产生"经""权"之间的变动,"经"就是普遍的原则和规范,"权"就是特殊的具体规定。前者代表着群体的共同利益,后者代表着个体的特殊利益。一言以蔽之,套用冯友兰先生的话,网络伦理就是"可变的道德"。

二、网络伦理问题的缘起

网络伦理问题源于互联网的产生和发展,它的产生基于三个方面的原因。**其一,网络参与的随意性。** 与现实社会不同,网络社会的形成是现实的人自觉自愿的参与过程。人们可以随时进入网络空间,参与其中,亦可以随时退出,回归现实。这完全取决于个人的意志,与现实的不可脱离性形成鲜明的对照,具有社会的虚拟性。**其二,网络角色的变动性。** 现实社会中人们的社会角色是特定的、不容更改的,这是社会的既定现实,是任何个人进入社会所必须承担的义务。而作为网络角色,其身份则具有极大的不确定性。参与者可虚拟其社会身份,成为一个虚拟的存在者,暂时摆脱社会对其既定角色的束缚与要求,具有身份的虚拟属性。**其三,网络交往的虚幻性。** 由于网络参与的任意性以及网络角色的不断变化,使得网络交流能够打破现实的限制,实现在现实生活中无法实现的跨国界、跨时空的交流。然而,当网络信息中的真实性和可靠性遭到质疑时,网络交往就会出现虚拟的一面。然而,因为技术受到不同条件的约束,导致网络交往的责任呈现不可追踪性、网络义务出现可逃避性,这些都和现实社会形成了鲜明的对比。作为一种被广泛认可的虚拟社会,网络空间的这些特点,使其和现实社会之间有很大的区别。但是,它却恰恰是当代道德发展的必然趋向,它预示着道德发展的新特点。因特网是一项极具潜力的技术,可以把自发的社交关系提升到一个以前做梦都不敢想的新境界:在这个世界上,人们可以按照各自的利益来选择彼此之间的关系。网络正在以一种有形的方式改变着人们和社会。这就是当代网络道德产生的依据。

因特网对传统的伦理造成了很大的影响。开放性、多元化

第四章 网络秩序的规范

的互联网使人类和社会自由、全面的发展都得到了提升，同时发生了从依赖型的伦理向自主型的伦理的改变。但是，它也给传统道德带来了巨大的挑战和一些消极的影响，具体表现为：

其一，一方面，在工作、生活、社会交往中，互联网为他们提供了很多方便；另一方面，也出现了很多有违伦理道德的行为。最近几年，在中国互联网的发展突飞猛进，人们也因此看到并且感受到这些行为带来的后果。色情、暴力、淫秽等不良行为在传播方式和手段上难以控制，涉及的范围难以估量，在互联网上也是这样。即使世界各个国家对这些文化的传播都有一定的制约，但是要想从源头上杜绝，需要所有人的共同努力，这是一个漫长而又艰难的过程。

其二，互联网的出现大大促进了不同文化之间的交流，加速了它们之间的吸收与交融，文化在广泛的交流中得到了持续性发展。"殖民文化"和"文化侵略"是不少文化在发展过程中面临的问题，这些在社会道德方面有一定的表现。对大多数发展相对落后的国家而言，不仅面对很大的发展压力，还有很多的制约因素，所以在发达国家对本国进行文化侵略时，除了被动地接受并没有其他更好的解决办法，在当前的网络时代下，变成文化传播的被动受体。而发达国家，作为文化信息交流的重要输出者，其意识形态、价值观、世界观以及伦理道德理念等内容，伴随着文化交流强势输出，在潜移默化中影响了其受众群体。长此以往，这种影响带来的后果不容小觑，人们会慢慢接受和亲近其文化中包含的价值理念等内容，最终对这些文化产生认同感和信任感，而对本民族的文化、价值观等内容失去信赖和自豪感。这给一个国家和民族埋下了隐患，久而久之，国家和民族必然会丧失凝聚力，湮灭其原有的价值理念，动摇其能生存的根本。这种发展势头和现象已经引起各个国家的关注，各个国家几乎都在倡导和强调维持当前多样化的民族特色，以及丰富的民俗习惯、语言文化等。

其三，个人隐私是人类拥有的基本权利之一，但在网络时代遭遇了极大的挑战。与传统社会相比，个人隐私在网络时代中往往无所遁形。人们日常生活、工作、娱乐等都会在网络上留下痕迹。一方面，互联网需要对用户的足迹进行记录，目前这种记录十分便利，记录的内容十分详细；另一方面，政府执法部门的执法需求，及时记录人们的各种行为。所以，社会安全以及服务就和个人隐私发生冲突，从社会层面来说，每个人要对自己的行为和后续影响负责，为了方便后期查证，需要进行详细记录；从个人隐私来说，每个人都具备隐私权，应该被尊重和保障。如果无法妥善解决这个问题，不仅个人无法发挥出自身的能力和权益，社会也无法建立健全法律约束和社会道德体系。

其四，互联网的发展大大方便了人们在社会中的沟通和交流。从道德心理学和社会心理学层面对该现象进行分析，发现人们的情感交流方式、人际交往方式和过去完全不一样，但网络交流方式的广泛应用带来了许多问题，比如孤独感越来越重、高风险网恋等。如果人们的交流方式、生活方式等发生了改变，那他们的情感、观念以及心理等内容也会发生变化，这些改变需要及时进行科学合理的引导，不然可能会引起一系列的问题，这些问题不光影响个人的生活和发展，也会阻碍社会的进步和发展，这并不是大家愿意见到的情景。

三、网络伦理的特性

网络空间是社会存在的特殊形式，这种特殊性决定了网络空间的伦理具有其自身的特性。这主要表现在以下几个方面：

第一，多元性。多元性也就是多元化、多层次的特征和趋势，在网络空间的伦理发展中展现出来。当代市场经济在道德抉择、道德判别上给人们提供了很多可能和准则；同时，以当代市场经济为基础的现实网络经济中，出现涉及网络自身利益进而影响网络的正常秩序，例如，不应制造或传播不良信息，不应使用电子邮件做商业广告，不应非法侵入密码系统等；同时，每一种网络经济都有其独特的、多样的道德规范，如不同的国家、不同的民族、不同的区域等。随着相互间交流的增加，在经常发生冲突和碰撞的情况下，这种多元化的道德依然存在，并且因为它们之间并没有什么实质性的利益，所以可以求同存异、并行不悖。

第二，开放性。开放性也就是网络经济在道德思想、道德理论、道德行为中表现出的一种经常发生冲突、碰撞和融合的特征和趋势，时间和空间始终是人与人之间交流的一大障碍。威廉·奥尔曼曾经说过，在信息改革中，发生的最基本的变化是，它能够以一种十年前无法想象的方式，将人民连接在一起，并打破"这里"与"那里"之间的界线。即使是在偏远的地方，也可以很容易地和世界各地的人交流、合作，甚至是生活在一起。这样，时空就不会制约人与人之间的交往，因此，不同的思想、道德理念、道德行为之间，有可能发生冲突、碰撞与融合。另外，人们的交往受到宗教信仰、价值理念、生活习惯、生活方式的影响，产生了很大的约束性。一方面，人和人之间不能做到互相理解；另一方面，互相交往的方式和方法缺少。随着互联网的全球化发展，特别是互联网经济的不断发展，它可以在网络经济中将不同的宗教信仰、不同的价值理念、不同的生活习惯、不同的生活方式渗入进去，不同的个性行为和不同的风俗习惯在互联网上的经济交往里，接受众人的注视，另外也向人们提供了有效的方式和方法。所以,互联网在全球范围内,可以让开放经济的道德伦理从开放性转变为现实。

第三,自主性。自主性也就是指网络道德里出现的依赖性少,自主性多的形式。人类的生活空间和心理空间通过网络范围得到了扩大。在心理空间里,人们可以用心理身份活着,可以不用像在现实生活中一样受到社会条件、个人身份的限制和制约。另外,在网络中,通过对信息的需要来确定个人的身份,其背后反映着网络使用者的心理特征,如人格特征、价值取向、生活方式、品位等。互联网使这些人格特征更能从人类的社会性特征中解脱出来。个人的个性、价值随着互联网的出现,都得到了很好的阐述,同时自我建构意识也变得愈加强烈。人们已经认识到网络空间的危害,要想网络社会能够正常运转,那么就要制定相关网络社会条例,如果出现不道德的事情,就要及时处理解决。网络社会中的伦理规范并非基于任何一种权力的意志,它是由网络社会中的人自发形成的。因为网络社会的道德标准是由人们依据自身的利益和需求设定的,所以人们更加自觉地遵守这些道德行为规范标准。当传统社会中的伦理以依赖性伦理为主时,在网络社会日渐兴盛的今天,人们应当构建一种新型的自主伦理。

四、网络伦理的价值分析

随着网络技术的不断发展,它对社会发展造成了一定的影响,不只限于技术方面,它凭借技术负载伦理的形式对社会造成普遍而严重的影响,而表层技术所遮掩的正是深层的人与人之间的联系。人类既要具备网络应用和演进的专业技术,还要制定网络应用的伦理标准。网络伦理极其重要,它对网络进行伦理解析发挥着十分关键的作用。

1. 对网络伦理实行价值解析，有利于网络伦理的创建，充实伦理解析的内容。与实际生活相比，网络空间营造了一种虚拟的氛围，为人类带来了一个包含信息数据、知识以及情感状态的另一种虚拟生活环境。网络让每一个人都成为主角，它极大地发挥了人类的主体性，当道德他律变得非常松懈时，道德自律程度也在快速下降。这种改变致使以往的伦理解析在面临网络时无能为力，以往的伦理解析已经不能涵盖和总结网络中产生的直接或间接的伦理关系。所以，亟须建设一类适合网络生活的网络伦理。网络伦理打破了以往伦理的限制，网络的伦理问题是其主要的探究对象，且该分析给理论伦理分析带来了大量的探究内容，极大地推动了伦理解析的发展改进。网络伦理分析是指根据以往理论分析的理念和准则，建立健全互联网社会的道德规则，有效调整网络中人与人之间的联系，对网络上人的行为进行严格规范，创建正确的网络社会的道德观念和价值理念，推动互联网社会的健康发展。网络伦理解析探究是应用伦理解析探究的一个重要的分支，它将以往的伦理解析的理念和准则应用于处理当今互联网社会人类生存和实践中产生的具体问题，所以，总体而言，网络伦理解析依旧是一类伦理解析探究，它主要回答的是互联网社会的价值问题，将重心放在互联网社会人类本身的需求建造伦理体系，其理论具备指导性和合理性特点，不具备叙述性、解释性特点；批判和反省精神是其得以持续发展的不竭动力，对互联网社会的实际生活，要维持反省、批评的态度，持续创新和改进。这一具体流程，实现了对理论伦理探究的不断健全和改进，让伦理解析变成具有生机和真实感的完备理论价值体制。

2. 对网络伦理实行价值解析，有利于对网络的管理，推进互联网社会的良好发展。合理的、有指引价值的网络伦理解析，有利于网络空间的和谐、优良发展。从社会管控的层面来看，若社会过度管控，便会损害个人利益，限制个人自由发展，这与网络的本性不相符；若社会管控不到位，便会损害公共利益，造成互联网空间秩序紊乱或无序。在科学技术方面，网络没有中央管控等现象，所有对网络的强制管控都有可能失去网络原本的价值和内涵。所以，要想预防这两种现象的产生，就要控制好管理的力度、遵循适度准则，但是，道德管控是一种介于风俗和法律间的、强度适中的社会管控方法，社会管控借助网络的伦理关怀掌握了管控的力度，维持了一定的张力。此外，网络社会在当代计算机通信技术发展的基础上创建，但科学技术并不能处理社会中的所有问题。许多问题不在科技的处理范围内，不能借助技术解决，这类问题多数都是品德伦理问题。所以，从伦理解析的角度探究网络、了解网络伦理问题的关键性，与人类把互联网社会创建成一个怎样的社会模式的问题有直接关联，也即创建适应人性的社会还是反人性的社会的问题。对网络实行伦理解析，有效促进在网络发展中引入人文情怀，预防互联网空间的符号改变。避免互联网空间中的信息改变和符号改变，技术自身很难解决，所以要跨越技术层级，将人文关注当作一个关键的方法。对网络实行伦理解析，可以将科技精神与人文精神进行高效融合，并积极主动创新人文关注的技术，可以有效预防和阻止信息改变与符号改变。

3. 对网络伦理实行价值解析，可以有效增强网络品德自律。在互联网空间中，人和人之间拥有间接性，所以直接的品德舆情评判很难实行，外在的品德管束力被严重削弱。故而，强化网络的伦理解析有利于增强品德自律。这类以"慎独"为主要特点的品德自律，可以让人在独处或别人不知道的状况下，依旧维持较高的品德自觉，严格规范自身行为，仍可把控自己和保守自身，让自身行为达到道德要求。要想真正产生能管控所有人且任何网民都能自我管束的互联网公约，主要靠民众的道德自律。对互联网实行价值解析有利于此类道德自律的产生，可以有效提升群众的社会意识与思想品德素养，指引群众形成共识，共同遵循平等互利的网络公约。互联网社会很难借助实际生活中的形式进行管控，但网络上的人并不是不可捉摸、无形的，虚拟人物本质上是实际生活中的人，他们也存在于现实生活中，也要生存和发展，所以建立网络公约，本质上是对现实人的素质行为进行约束，间接提升了网民的个人素养，进而形成良好的社会风气，相反，网络公约还能对现实人的品德进行有利指引，使实际生活与虚拟世界进行友好交流，避免出现现实人和虚拟人双重性格的现象，防止实际社会与虚拟社会的严重脱离，进而阻碍人与人的正常相处。

4. 对网络伦理实行价值解析，有利于产生新型网络伦理规定。在互联网空间中，无政府主义盛行，品德相对主义也迅速发展，道德矛盾不断出现，且没有得到合理的规范，品德监管和评判困难，诸如此类，这些现象严重打击了传统伦理道德，以往道德的限制力度显著降低。所以，必须使用传统伦理解析原理，与网络交流的新特征进行有效结合，对网络实行伦理解析。此类伦理解析的目标不只是建立一类形而上的理论状态，而是拟定和生成某些适应网络交流的可掌控的品德规范与原则，进而约束和指引群众的网络行为。所以，对网络伦理实行价值解析，有利于产生新型网络伦理规定。网络是国际化技术逻辑的推动者，展现出全球化进度的本质。在互联网空间里，信息数据具备广泛性、共享性和全球性等特征，且信息数据是国际社会公认的广泛价值，故信息数据是世界各国的公共资源。网络伦理与信息资源的广泛性和共享性相符合，必定会包括一些普世伦理或普遍伦理的内容。R·N·巴格,美国伦理探究者,他认为不同的人具备不同的世界观,对人类而言,制定统一的标准非常有必要。对此他给出了三个基础原则:诚信、公平以及真实等诸如此类的原则,这些原则得到了人们的广泛认同;将这些原则应用于对不规范行为的制止上。所以,由此可以得出,深化网络伦理的探究,建立健全具备实效性、可掌控性以及针对性特点的网络品德规范,并得到国际社会的普遍认同,对高效落实社会管控、处理互联网空间的社会难题,具备极其关键的作用。

五、网络伦理的功能分析

(一)伦理分析的基本功能

伦理分析有两大功能。其一,伦理分析可以帮助人们建立人生的目的——至善,即完善的生活,也可理解为最终的幸福,它告诉人们行为的最终价值之所在。其二,伦理分析可以帮助人们选择正确的路径来实现这一目标——至善。作为完善的生活,即至善,主观上可理解为幸福,但满足感或者快乐感并不能给予生活以真正价值。快乐是一种情绪的体验,它使主体感知善。但是,仅仅把情绪上的体验作为一种善的终极目标,个人之间的行为就可能发生冲突,伦理分析也会背离原来的目标。应当看到,第一个功能的实现,使得伦理分析的存在价值得以证实,也是对于愿意带着理性生活的人的一种激励。由此才使得第二个功能也具有价值和成为必要。在它的第二个功能中,伦理分析进一步向人们展示人的行为伦理分析以及这些行为与达到至善的关系,借以指导人们的行为。在这一过程中,伦理分析通过自己的方法得出如何实现至善的途径,指出人们应当依据什么样的原则去行动才能够拥有完善的生活。这两个功能共同构成一个伦理分析的思想体系。就第一个功能而言，伦理分析首先要确定善恶的依据问题，因为至善作为一种目标，必须要把对善恶的评判作为依据，接下来才能在此基础上确定道德行为的根本目的，然后再建立什么是至善。因此，第一个功能涉及两个基本的伦理分析问题。第一个问题是从道德上区别善恶的根本基础是什么；第二个问题是人的意志与行动的根本目的是什么——也即什么是至善的问题。这两个问题构成伦理分析思考的起点。第一个问题是伦理分析建立的基础，第二个问题是伦理分析存在的必要性和价值的依据，所以它们是最为基本的——对于伦理分析而言，这两个问题的解决就如同一个人从不懂事的少年成为具有成熟的思想和具备处理问题的能力的成年人一样。

（二）网络伦理的功能

伦理文化是以道德生活为根基的一种文化形态，它依赖于道德主体的自觉活动，亦即只有在自觉自愿的基础上才能呈现。著名的德国哲学家康德针对道德发表了自己的看法，他认为没有意志的自由、没有自觉的牺牲与义务，就谈不上道德。康德这一言论被同样是德国哲学家的黑格尔认同，他非常赞同康德的这一观点，黑格尔认为道德的意志是他人所不能左右的。人的价值更不是别人评估的，而是自身的行为与品质所体现的，所以道德观点具有一定理论性。这一见解不仅抓住了道德存在的核心，也道出了道德存在的理由。马克思在道德问题上也同样认为道德是来自于人的自律。道德作为一种行为体现，是处于自愿自觉基础上的行为，而并非外界强迫或者是非自愿的一种行为，如果是外界强迫或者是非自愿的行为，就称不上是道德，也失去了道德的本身存在意义。因而伦理文化的展开永远是一种基于人的自由意志的产物。

在网络空间，人成为真正的道德主体与自我意志的支配者。换言之，只有当信息技术作为信息的采集、处理、传递功能的工具时，虚拟的网络空间才真实地反映和体现着个体的道德状况。当网络空间成为衡量社会道德水准的真实标识器时，网络伦理问题亦由此而产生。譬如个人信息隐私、软件的知识产权、网络黑客，等等。美国计算机伦理协会为其成员规定了网络伦理的八个方面的内容：一是个人不能利用计算机以任何形式伤害别人；二是个人不能通过计算机窃取别人的任何文件；三是未经他人允许，不得窥探别人计算机上的任何文件；四是不能以任何理由或者是形式干扰他人的计算机工作；五是个人不能利用计算机作伪证；六是个人不能随意使用或者是拷贝未经付款的软件；七是个人未经他人允许，不能擅自使用别人的文件或者是资源；八是不能盗用别人通过计算机制作的成果。

网络伦理不仅与个人相关，在网上开展活动的组织也要遵守一定的网络规范。这里所说的组织主要是指拥有网上空间的或者网站资源的实体。譬如，用户上网浏览时不经提示而被修改系统的问题，存在这种问题的网页被称为恶意网页，相应的网站被称为恶意网站。毫无疑问，这给网络用户带来了很大的不便，但这只是一个方面。虽然恶意网页本身一般不会破坏用户的系统，但这种事件暗示了在网络上活动已经变得不安全，甚至发生更为严重的事情也是有可能的，即如果你的系统能被部分控制，那么被完全控制也是有可能的。不管从哪个方面来说，网络在现代社会生活中发挥着不可替代的重要作用，网络社会的秩序是网络能否最大限度造福人类的关键因素，而网络作为一种新的活动空间，它所涉及的伦理问题也相当多，也比较难于处理。网络社会的秩序建设需要社会予以关注，网络中的伦理规范对于建立良好的网络秩序、保护网络用户的权利和利益、促进网络造福于人类社会是不可或缺的。

（三）网络资源是网络伦理分析的核心

网络资源，即网络信息的主要来源，它是现实生活的再现。其主要提供者是网站和用户。网站作为网络资源的主要提供者，可分为两大类，即企业经营网站和非经营性网站。就企业经营网站而言，网站首先是一个经营信息服务的企业，必须依靠市场才能求得生存，因而它必须自觉遵守政府约束和市场约束。1. 政府约束。网络无国界，但网站经营者却有国籍。因而经营网站的底线是遵守所在国的法律法规，否则将受到法律的追究。违规经营即使限于技术条件而疏于法律的惩罚，也绝不可能成为一个成功的大网站。这与它作为一个企业的性质相背离。2. 市场约束。网络亦是市场，网站能够提供真实有效的信息才能赢得更多的用户，才能生存发展。这只无形的手决定和操纵着网站作为经营信息服务的企业的根本性质，决定了它不可能为所欲为，而必须遵守市场运行的游戏规则。这就决定了网站作为网络资源的最大提供者，在其经营内容、经营方式上的道德性。除此之外，还存在大量非经营网站，包括政府网站、社会公益网站、学术网站和大多数个人网站。政府网站、社会公益网站具有明显的意识形态属性，必须遵守道德规范。学术网站绝大多数是为了交流思想、共享信息资源，虽然一部分处于意识形态的前沿、具有探索性，但其资源仅限于特定的范围。个人网站由于政治态度、思想观念和个性化差异呈现出多样性。但从其总资源来看，亦应符合社会道德规范。

用户不仅是消费者，而且也是网络资源的主要提供者。用户可以随时发布信息、与人交流。由于用户不具有稳定性，且80%为匿名，成为网络中最复杂的一个区域。在网络用户提供的信息资源中，政治类多为评论时政；经济类多为经济信息，寻求合作伙伴；文化类多为个人学术观点；娱乐类多为聊天、笑话、游戏，由于网络的虚拟性，此类信息资源成为网络文化中引人注目的焦点，也是人们议论最多、争论最大的地方。用户资源中，存在着不同意见，甚至有恶意攻击；有虚假信息，乃至经济欺诈、网络犯罪；有无聊的骚扰、不受欢迎的广告以及黄色垃圾。但总的来讲，网络平台给用户提供了一个在紧张的工作学习之余娱乐休闲的好去处，缓解了人们沉重的精神压力。其文化资源集中于娱乐交往之中，对社会道德影响作用甚微，但也是网络文化中不可忽视的一个重要内容。基于网络资源供给来源的分析，我们发现，网络资源不是自由意志的产物，而是各方约束的结果。这在客观上要求人们所提供的网络资源，必须符合社会的道德规范。而虚假内容、污染视听、伤及心灵的反道德文化存在的事实，从另一个侧面说明了伦理规范在网络空间的重要性和必要性。

（四）网络伦理功能的价值导向

互联网的普及与应用，使之突破其固有的技术功能，成为一种对社会生活产生巨大影响的社会伦理现象。从其价值导向分析，它有两个层面的意义。（1）网络技术作为伦理现象所具有的价值导向。作为技术的网络，其价值仅在于它的使用价值，而当它演变为一种社会伦理现象时，网络的价值则远远超出其具有的使用价值。正因如此，网络媒体才能以正义的形象面对公众、吸引公众。虽然网络文化的价值有被滥用的风险，但是它仍然代表着社会的进步，是知识和力量的代表，促进人们不断学习科学和知识，让人们不断积极向上、奋力拼搏，促进了平等和自由的理念。网络思想是时代发展的思想，是科学繁荣的思想，是超越自我、实现自我价值的思想。它的价值取向所具有的正面意义是不需多说的。（2）网络资源的价值导向。广义的网络资源包括网络技术作为伦理现象所具有的资源和网上人们所能获得的文化资源两部分。狭义的网络资源，是指网上文化资源，这也是我们在一般意义上所指的网络资源。网上文化资源是网络文化价值导向的基础。从网络资源来看，与意识形态无涉的经济信息等拥有量占60%，虽然其自身无价值导向的性质，但其真实与否却极大地影响着网络文化的价值导向，它的社会信任程度造成对社会道德状况的直接影响，对此，我们不可忽视。从理论上讲，网络经济或电子商务正是网络具有的真实信息的反映，否则网络经济文化就不可能兴起并成为现代经济生活的一支重要力量。因此，与意识形态无关的文化信息，其价值导向亦是积极的，它减少了社会交易成本，有助于社会秩序的稳态化。

　　网络伦理价值导向是十分明显的。通过网络提供或传播信息的人或集团极多，他们来自不同的民族、国家和地区，具有不同的宗教信仰、政治态度、价值观念、生活习俗，其中也难免有一些对社会、国家、他人具有敌对、不满情绪的人，因而网络上所传播的信息主题与内容也五花八门、不断变化，从人身攻击、不满言论、黄色信息、无聊信息到不受欢迎的商业广告，应有尽有。这些信息广泛而无节制地传播，很可能会有损某些民族、国家、地区、团体或者某类人（如少年儿童）的道德信仰、道德理想、道德规范或风俗习惯。文化价值的多元性在网络中似乎是无法避免的，也是不应强求的。但问题是许多社会丑恶文化也通过网络大肆传播，占星算命、测字卜卦以新的形式招揽网民，对暴力、色情等的渲染也从来不绝于网。甚至于反人类、反社会的东西，诸如邪教，也粉墨登场，披上了现代外衣，通过网络加以兜售。这就使网络文化的价值导向具有多样性。

第二节　网络伦理的规范及其原则

一、网络交往的道德分析

网络道德是反映网络伦理的重要表现。通过网络，逐渐形成了一种包含新信息、新知识、新情感的新型生存环境。在网络中，人们的交往与伦理关系主要是符号化、多样化、间接化的，同时，还冲破了传统的限制，因此，这也决定了网络道德与现实生活中的传统道德存在着差异，主要表现在以下三个方面：

首先，是道德主体身份的差异。因为网络交流所具有的虚拟性，这就造成了网络道德与现实社会传统道德之间在主体上存在差异。在现实社会中，道德主体很容易就被确定，但是，因为网络这一新型的交流环境，造成了网络道德主体身份的确定过程较为复杂。网络虽然给人们带来了新型的交流环境，但是，在这一环境的背后，人们通常会戴着"面具"来伪装自己，这就使得网络交往更加复杂。同时，网络中的角色与现实生活中的角色之间也存在差异。网络角色通常可以随意地设计自己，可以根据自己的变化，或者是发挥想象力，随心所欲地抒发自己内心的感受。但是，不管网络角色多么优秀、多么令自己满意，那终究不是现实生活，虚拟的东西只是假象，也代替不了现实。这种反差导致人们对现有文化和制度的不满，也可能导致人们对身份或认同的误解，尤其是对青少年来说，这可能导致其伤害他人或社会的行为。道德主体的差异也不可避免地影响着相关道德体系的差异。

其次，则是道德要素的差异。不仅作为道德伦理的道德要素之间存在着差异，而且与传统的道德伦理相比，网络道德意识相对模糊，人性更加靠近自然，但是，交往很少会受到社会因素的影响，并且舍弃了现实生活中给人强行加入的种种制约，使人们的心理得到了前所未有的放松，同时还可以最大程度地实现自我。这就对人们提出了更高的需求，要具有强烈的自律性，同时，凸显出自我修养以及追求知识的重要性。从道德关系的角度来说，网络道德关系具有诸多不确定的因素以及简单性和互动性的特点，从而为网络社会伦理分析带来了一个新的问题。因为没有真正意义上的互动，人们可以没有顾虑地在其中发展友谊、爱情。与现实社会相比，这种关系更直接，也不那么功利。从道德活动的角度来看，互联网为人们提供了新的活动方式，如聊天、电子邮件、网络游戏等。这些网络道德活动具有其独特性、多样性、随机性和目的性，使得人们的互动不必考虑空间距离和文化差异等因素。这些传统道德元素为网络伦理的分析提供了丰富的素材，是网络道德赖以生存的基础。

最后，品德环境的不同。在某种意义上，传统社会是一个"熟人社会"，人们与熟悉的人来往，例如亲人、朋友、同事等。依赖于熟人的监管，约束于道德他律方法，如社会舆论情况、利益体制、法律管制等，这样传统道德便能获得良好的保护。所以，人们合乎道德的行为举止往往是做给别人尤其是或许对自身有影响的人看的，人们具有较强的道德意识，故道德行为也较为谨慎规范。但是，在互联网空间中，人们都脱离了实际社会中各种各样的人际关系的限制，挣脱了实际生活中各类外部的法律规定的约束，而走进了一个由陌生人构成的虚拟世界，进行无接触的交流往来。网络互动所具备的这些特征，让外部的各种道德他律在虚拟网络中失去了原有的作用，网络空间是一个相对自由的时空。其一，网络是一类离散构造，它不仅没有核心，还没有显著的地域界限。由于网络连接范围较广、信息数据传输快、收集整理数据效率高，人类的行为受到时空的限制大大降低，故而在实际生活中，分地区设卡点管控的管理形式通常发挥不了很大的作用。其二，从信息传播的渠道看，互联网行为具备数据化及虚拟化的特征，人们常见和常听的文本、图片、形象以及声音都变为数据的终端展现，网络中的人也是以某一符号当作身份进行活动，彼此间再没有任何关联，且网络交友能够匿名进行，因此想要确认和监督管理网民的身份很难做到。网络品德的健康发展只能依赖于个人自律和内心的坚定信念，这样网民能否遵守品德规范也不易监管和发现，相反，传统品德要依赖社会舆论情况、传统习惯以及坚定信念三者共同维持。

二、网络伦理的规范及其原则

网络按照自身和其他信息技术有区别的特点，在伦理问题层面产生了特有的网络伦理问题。在此种情景下，就离不开政府对于人们在信息社会真实情况中的行为进行一定程度的约束。但是政府的道德规范在社会生活层面无法替代的调节作用促使人们应该提高对于原来的伦理学在新情境中的重视。截至当前，可以在全球范围内都适用的网络规范还未生成，有些主权国家政府以及其他机构旨在帮助网络能够正常运行而制定了具备协会性以及行业性的规范。这些规范综合分析了普通的道德规范在网络上获得的反响，在很大层面上确保了当前网络发展的基本要求，具备了大多数网络规范的特点。

国外很多计算机以及网络机构帮助用户制定了一整套的相关规范。美国的计算机协会期望其成员能够赞同以下普通的伦理道德以及职业行为规范：能够服务社会和人民大众；防止他人受到伤害；应该诚实守信；要公平公正舍弃歧视性的做法；尊重包含版权与专利的财产权以及知识产权；还应保护他人的隐私和秘密。

国外部分国家的政府组织或者公益机构还明确规定了被禁止的网络违规行为，也就是从反面制定了违反网络规范的行为种类，比如南加利福尼亚大学网络伦理声明中就指出了六个不道德网络行为的种类：其一，故意导致网络交通混乱或者私自接入网络与其相关的系统；其二，商业性或者欺骗性地使用大学计算机资源；其三，窃取信息、设施或者智力成果；其四，未经他人允许直接接触别人的文件；其五，在公共用户场所诱发混乱或者导致混乱的现象；其六，制造假的电子函件信息。上述规范，一种是"必须"并且"能够"做的行为，一种是"没必要"并且"不能够"做的行为。实质上，不管是第一种还是第二种，都和现已形成的基础规范有关联。只有在确定了基础规范之后，人们才可以对道德和不道德的具体行为有准确的评判。

互联网伦理的理论基础，一般可归结为全民性、兼容性和互惠性的基本原则。（1）以全民原则的形式，所有的互联网活动都必须为互联网社会的整体利益而努力。互联网的决策和互联网工作方式都必须把社会发展视为每个人的终极目标，不得将在经济、文化、政策甚至思想等方面的差异当成理由，不得把互联网视为满足社会部分人需要的工具，同时不得使这部分人成为互联网时代社会的参与者和社会资源侵占者。互联网应该为每个愿意融入社会交往中的人员，创造平等公开的交流机会，而全民原则中包含了两种基本道德理念。其一，是社会公平原则。所有互联网社区用户平等地享有社会权利和服务，按照互联网社区结构来分类，他们都将被赋予特定的互联网角色，包括密码、地址和口令，他们都将无偿地获得互联网所赋予的一切服务和便利，同时也需要遵守和承担相关规定和义务。其二，是公平原则。互联网必须公平地对待所有的消费者，不可以为了满足一些特定人群的利益而制定特殊的规则，同时还赋予其特殊的用户职权。（2）从兼容性原则来看，网络主体之间的行为方法必须符合某种相同的、互相认可的行为规范内容，自身的网络行为必须被他人乃至整个网络所认可，最后达到人们网络交往的行为更加规范、语言更容易被认同以及信息交流更简单的目标。兼容性原则需要网络规范能够符合所有网络主体的需要，网络的道德原则就只需要获得全体网络用户的支持和认同，才能够被定义成一种规范与规则，应该防止网络道德的不当举措。倘若在一个网络社会中，有部分人由于计算机硬件与操作系统的不熟练不能和别人进行互动，有些人由于缺乏某种语言以及文化素养而无法和别人进行正常的沟通，有些人则被直接排除在网络系统的部分功能之外。所以它不仅是关于技术层面的互相包容，还应该包含道德层面的。（3）在互惠原则中，所有的用户都应该意识到，人类不只是网络信息以及服务的使用人员或享受人员，还是生产人员与提供人员；网络用户拥有网络社会交往所有权利的同时也必须承担网络社会对于自身成员的全部责任。信息交流与网络服务之间是相辅相成的，网络主体之间是相互的，用户倘若从网络或者其他网络用户中获得某种便利，那么也必须让对方得到同等的待遇。互惠原则主要表现在网络行为主体道德权利与义务的协调一致。网络社会的成员应该承担起网络社会所赋予的义务，尽最大努力利用网络给社会中有需要的人提供相应的服务，还必须遵循网络社会中的各种行为规范，以便于促进网络设计的健康发展。

第三节 网络道德的自律和他律

一、网络道德评价

网络道德评价是网络道德实践活动的重要组成部分。它是指人们在网络道德活动中,依据一定的道德准则,对他人或自身的网络道德行为和品质作出是非善恶的价值判断。网络道德评价的目的是扬善抑恶,因此,网络道德评价对于网络道德主体选择道德行为具有积极的意义。这种积极意义在于,通过道德评价,能对人们的网络行为和品质进行分析和判断,明确告诉网络社会成员什么是善、什么是恶,什么是道德、什么是不道德,从而使网络社会成员形成是非善恶的道德观念和道德意识,唤醒他们的道德良心,激发他们的道德责任心;通过道德评价,能使符合网络道德规范的行为得以传播,而对于违反网络道德规范的行为,也能及时加以批评、谴责,从而引起网络社会成员的良心共鸣,使不良行为得到约束和控制;通过道德评价,能够促进外在网络道德规范转化为网络社会成员的内在自觉,这是因为进行道德评价的过程就是推行、宣传网络道德原则和规范的过程,也是网络社会成员接受一定道德要求的过程。总之,网络道德的功能靠道德评价来发挥,网络道德的作用依靠道德评价来实现。可以说网络社会的道德风尚如何,很大程度上取决于网络道德评价活动开展的广度和深度。因此,政府应当充分发挥道德评价的作用,来规范人们的网络道德。进行网络道德评价必须把握评价的标准,具体来说,网络道德评价的标准有如下四条:

一是善恶标准。善与恶是道德评价中人们经常使用的两个范畴。进行道德评价，判断道德行为和品质，不可以没有善恶，虽然善恶的发生根源不在评价，但善恶的内蕴及其效用功能却完全适用和有利于评价。既然道德评价是对人的行为及其品质道德价值的衡量或判定，而道德价值却又常常借助于善恶范畴来体现，所以善恶是道德评价的一般原则。所谓善，是指符合一定道德原则和道德规范的行为或事件；所谓恶，是指违背一定道德原则和道德规范的行为或事件。在现实生活的道德评价中，善恶原则为我们区分道德行为与不道德行为确立了基本的界限。因此，善与恶就是道德评价的基本原则。网络道德是面向网络社会、基于传统一般性道德建立起来的一种新的道德形式，它是现代社会道德体系的重要组成部分，网络道德也理所当然地包含道德评价的内容，因此，传统一般性道德的善恶评价原则在网络社会也同样适用。在网络社会中，善恶是体现了一定网络道德规范和准则的道德范畴，它反映了网络空间中人与人、网络与社会之间一定的利益关系。但是，以善恶作为网络道德评价的原则，有两点需要我们注意。一方面是善恶原则具有相对性。作为网络道德评价的善与恶，同现实社会中一样，是一个历史范畴，它是具体的、历史的，不同的社会、不同民族、不同国家和地区会有不同的善与恶的原则。也就是说，善恶原则在进行具体网络道德评价时，因评价主体的不同而有所不同。善恶原则在历史发展过程和不同的社会环境中具有相对性，它是变化和发展的。每个民族、每个时代直接用于判断善恶的标准，都是那个时代社会所通行和倡导的道德规范和准则，所以该社会道德规范和准则就成了判断该社会人们行为善恶的直接标准。网络社会的道德规范和准则就是网络社会判断社会成员行为善恶的直接标准。另一方面是善恶原则具有客观性。善恶原则虽然具有相对性，但并不是"公说公有理，婆说婆有理"。也就是说,在道德评价的原则上还有一个客观的标准。道德评价的原则是相对性和客观性的统一。善恶作为网络道德范畴,是网络社会存在的反映,因此在最终的意义上,只有符合历史发展的必然性、同网络社会的发展相一致的行为,才是善的行为,否则就是恶的或伪善的行为。因此,从根本上说,对网络社会的发展有利还是有害,是判断行为善恶的客观依据。凡是符合历史发展必然性,反映网络社会历史发展的要求,推动网络社会发展和进步的行为就是善;反之,违背历史必然性,不利于网络社会发展进步的行为就是恶。这就是善恶原则的客观性。在网络道德评价的原则问题上,还有一个问题需要引起我们的注意,那就是要避免传统一般性道德评价原则往往采取的简单二分法,即不是善就是恶,不是崇高就是卑鄙的做法。不管是在现实生活中还是在网络生活中,所有的行为都不可能只是简单的非善即恶,事实上,绝大多数行为是介于善恶之间,无所谓是非善恶。

二是动机与效果并重标准。任何一次完整的道德活动,都包含行为的动机和行为要达到的效果两个基本方面。所谓动机,就是行为前的主观愿望,也就是激励人们行动的主观原因和行为动因,是人的道德行为的重要因素。所谓效果,是指人们按照一定的动机开展活动所产生的客观结果,也是人的道德行为的重要因素,在一定程度上比行为的动机更为重要。这是因为行为只有达到它预先想要达到的目的才有意义。动机与效果是一对相互联系、互相制约、缺一不可的道德范畴,二者构成了人们道德活动的完整过程。现实道德是如此,网络道德也是如此。因此,我们在网络道德评价中必须注意动机和效果的统一,只有这样,才能作出正确合理的网络道德评价。任何一种忽视和舍弃其中之一的做法,都是片面和错误的。由此可见,在网络道德评价的过程，动机和效果在本质上是统一的。从动机方面来看，网络道德主体的行为动机总是包含着对某种效果的期望和追求，不能指向一定效果的动机是不存在的。从行为的效果方面来看，效果是在一定的动机指引下形成的。如果没有动机，任何效果都不会出现。因此政府在倡导网络道德评价时，必须坚持动机与效果并重的原则。一方面要充分注意动机在网络道德评价中的重要意义，另一方面也必须肯定效果在网络道德评价中的重要作用。需要政府及其工作人员注意的是，在行为的动机和效果相一致的情况下进行网络道德评价还是比较简单的，因为无论是根据动机还是根据效果进行评价，其结果是一样的。但是当动机和效果不一致或者相互矛盾的时候，道德评价就比较复杂，必须具体分析。这是因为在日常网络生活中，一般来说，好的动机会带来好的结果，坏的动机会导致坏的结果。但是，由于各种主客观条件的限制，在人们实际的行为过程中也会出现一些意想不到的情况，比如"好心办坏事""歪打正着""无心插柳柳成荫"等。当然，这些动机与效果不统一的情况出现，也更进一步要求我们在道德评价过程中不能只取其一，而应坚持动机与效果并重的原则。

三是互惠标准。从伦理角度入手，互惠原则一方面能体现出网络道德对网络社会成员的要求，既享受权利，也遵守义务，用户在网络社会中不仅有享受和使用网络服务和网络信息的权利，还有创造和生产网络信息的义务。每个人在享受和行使网络社会权利的同时，必定担负一定的责任和义务，比如遵守网络社会的各种原则，在网络上对其他成员施以援手，生产有价值的网络信息，维护和促进网络社会的稳定发展和运行等。互惠原则不仅强调网络社会成员的义务，也强调权利，两者同时存在，谁也离不开谁。互惠原则另一方面能体现出网络道德中的平等原则。网络社会中的每个成员都有同样的地位,这种平等性只能通过互惠互利、互帮互助才能有所体现。虽然各个成员不需要且并不存在绝对的平等,但只要双方之间是自愿付出和接受,都为对方做了有价值和意义的事情,属于双向互动,那就属于一般常识中的平等。平等的结果是互惠,互惠的前提是平等。网络社会出现以后,政府大力提倡互惠原则,因为它不仅是道德方面的诉求,也是技术方面的要求。道德方面是指只有遵守"互惠"的网络互动才可以实现最好的交往方式;技术方面是指网络的基本特点就是实现网络资源的共享。网络道德原则规范的主要对象就是网络技术,因为有了它,网络社会的成员能为所欲为,像随意窥探别人的计算机系统、胡乱传播一些不良或不实信息等违法行为,在网络上都能做到。而网络道德规范的作用就是约束用户在网络社会中的各种行为,让其只能做符合规定的行为,而不是想做什么就做什么。由于网络技术的出现和发展,人们有了新的信息交流方式,渐渐建立一种新的道德交往关系,除此之外,还为道德原则的实施和落实奠定坚实的现实基础。虽然当前网络上存在许多不道德的行为,但这些行为帮助人们认识了道德规范的重要性,开始对过去的行为进行反思,并思考如何在新的社会环境中,担负起责任,并成为品德高尚的人。

四是科学标准。一个合理的道德评价标准的必要条件是其正确性。只有正确的评价标准,才可能使人信奉和遵守,也才能为人们进行道德评价提供证明。因此,政府在倡导网络道德评价时,必须遵循科学性原则。科学性原则能使道德评价标准的确立符合社会发展的客观规律。这表现在两个方面:一方面,政府应当让人们充分认识到,道德评价标准要适应社会历史发展条件的变化和需要。在网络社会,原有的道德评价标准已难以完全评价人们今天在网络实践中出现的种种问题,那么,我们就必须确立适应网络社会发展的道德评价标准。另一方面,网络道德评价标准要适应网络社会未来发展的需要。以往我们在确立传统的道德评价标准时,有时把一些谁也做不到或者做到了也没有好处的东西当作我们道德评价的标准,而现在我们必须改变这种没有生命力的落后做法,因此就必须树立科学性原则。此外,科学性原则也能使网络道德评价标准的确立符合人自身的发展规律的要求。网络社会的生存虽然是虚拟的,但任何网络道德行为的最终目的都是为了满足现实的需要,因此,网络道德评价标准的确立必须注重个人的正当合理权利的享有。在网络社会,虽然满足个人正当权利和需要会受到种种限制,但是并不能以此为借口而否定个人这种权利和需要的必要性和重要性。因此,我们以人与人、人与社会之间的和谐关系为依据制定的网络道德评价标准才是科学的、有效的。

二、网络道德自律

相较于传统伦理,网络道德会对道德自律给予更高的关注度。所以,在政府开展网络治理工作时,对于网络道德的相关行为给予了高度的关注。但是在基于信息技术的现代网络社会中,因为人们已经把数字化当作一种信息媒介,同时还拥有足够的平等权和自由权,对于自身的行为也具备最高的抉择权,人们之间的关系也能够表现出间接的特性。在此种情景下,就无法直视道德舆论的冲击,但是个体的道德自律就变成维持正常的伦理关系的重要保证。并且因为网络行为主要对象的匿名性、面具化,导致道德舆论所针对的主要对象就会模糊不清。另外,在网络社会中,人们都能够准确认识到,必须具备自觉性,按正常的道义原则,才能够最终实现自己的目标。因此,自主性与他律性就被当成最后一种道德诉求,从而与其他特征一起组成了网络道德的基本特点。政府对于网络道德规范的监督中,重点关注经营人员的防守底线,也就是自律行为,针对网络空间的伦理标准来说,就会显得更加关键。网络道德自律重点是指经营人员的自律行为以及普通用户的自律行为。

根据公共管理的视角来分析,网络经营人员的自律,需要网络经营人员坚守自身的使命。使命也就是指非常艰巨的任务,非常严峻的职责。对于使命的定义在互联网经营的过程中极其容易被忽略,但却又是十分关键的一个环节。互联网经营人员应该对自身需要实现的使命具备清晰的认知。一旦使命不清楚,就会因无法产生相一致的目标而手足无措;使命错了,就会找不到正确的前进道路进而无法为社会做贡献。举例来说,比如互联网内容服务的经营实践,至少能够汇总出下面五个方面的经验教训:一是互联网服务企业应该具备正确、特殊的服务意识,服务不仅是风风火火刹那间的事情,而是在不断地累积之后,谋而后动;二是应该沉着、理智,不可以盲目从众,对于一些风险投资来说都只能算作一种短时间内的行为,并不是最终目标,企业的长期发展应该依赖于自身的盈利技能,网民的点击率只能算作表层现象,无法精准地体现服务对象的数目,更算不上是对于市场需求的反映;三是在用户无法精准定位的状况下,应该先确定市场服务对象来研究,再结合合理的市场策略,来吸引大量真实的服务对象;四是对于确定的服务对象,应该基于强化自身的创建,重视互动与服务的战略,培育并且提升他们的忠实程度;五是应该常常将内容和专业结合起来分析,还应该具备专业的思维逻辑以及专业的内容形式与科学技术,还有专业的服务。换言之,利用合理的技术战略、市场战略以及产品与服务战略来引起新用户的关注、维护老用户,属于互联网内容的重中之重。以上经验与教训虽然不是特别全面，但却是无比珍贵的财富。另外，互联网经营人员对于互联网用户来讲，应该属于互联网的先知人员、先觉人员以及先行人员；互联网用户对于互联网经营人员来说，不只是市场含义还包含非常浓厚的社会含义。

网络依然存在着大量不良信息和行为，这些行为往往是由一些没有责任感、不遵守法律法规的网民所为，令人深感担忧。随着相关法律的不断完善，互联网将更加健康地发展。作为一名网络用户，有义务不断提升自身的道德修养，坚定不移地践行自己的职业操守，勇敢地接受和完成自己的历史使命，同时也要积极参与到互联网的发展中来，做出自己的贡献。作为互联网从业者，有责任通过独特的商业模式为用户、自身和社会带来更多的价值，促进互联网行业的健康发展，并最大限度地提升其在国家经济和社会发展中的作用。此外，网络商家应该遵循"后用户之乐而乐"的原则来保护自己的利益。使命可以抽象地概括出来，而利益则是具体可行的，都是互联网经营者应该追求的目标。在互联网行业，商家的经营活动通常分为三类：公益性的、非营利性的和营利性的三种。这些商家的利润来源各不相同，但都具有一定的特点。

互联网经营者致力于为公众带来更多的利益，并通过公益性经营活动来实现这一目标。主要资金来自政府的资助和社会各界的捐助。深入掌握和满足公众需求是互联网经营者的首要职责，公众的利益就是互联网经营者的利益，这是他们不可或缺的责任。随着时代的进步，公益性的互联网商业活动也在不断增长。互联网经营者致力于为社会各界带来更多的利益，不仅仅是从事非营利性经营活动，而是为社会各界创造更多的价值。在经营活动中，以产品和服务的成本费为基础，或者将部

第四章　网络秩序的规范

分利润投入其他商业活动中，而这些利益仅限于与其相关的商业行为，绝不会被滥用。比如许多社会团体的资金来源大多依赖于"会费"的支付以及从其中获取的利益。他们的主要职责是组织团队成员进行学习、沟通与探索，尽可能多地为社会提供支持与帮助，集体的福祉取决于每个人的幸福。作为一名互联网从业者，应当自觉维护网络秩序，积极引导用户正确、合理、有效地使用互联网，以保障网络环境的安全和稳定。由于非营利性互联网业务的快速增长，其核心目标是通过创新的商业战略来实现可持续地收益，不断提升企业的竞争力，拓展市场的发展潜力。如果仅仅关注外部的利益而忽视内在的价值，那企业将无法长久发展，也违反了商业行为的初衷；若只关注自身利益，而忽视他人的利益，将会招致社会的强烈反对受到市场的冷落，从而无法实现自己的抱负。

对这种经营者而言，要仔细思考和处理的关键问题是"从哪里获取利润"。可以从两条途径进行思考：一条为纵向途径，借助高效整合上端的供给商和下端的客户而获利。互联网运营者要想方设法地维持网民的兴趣，不断提高自身吸引力，争夺更多的客户并获取更多的目标市场。从获利层面看，客户愿意支付的原因是什么？可承受的支付额度为多少？为什么选择向你支付而不是其他运营商？上述问题都非常关键。一般说来，网络消费者愿意支付的状况有三种，即互联网能提供更高的效能、借助网络能够达到以往无法获得的满足、借助网络寻找新型的生活和发展时空。用户的网络购物能力存在极大的差别，但所消费资金占其收入比例大致相同，大约为10%。对于向谁消费这个问题，完全取决于营销商自身的优势和努力。网络运营者提供的商品和服务的基础是供应商，它对运营成本和产品质量产生了巨大的影响。所以，网络运营者要将消费者的需求、消费能力、消费倾向以及与供应商相关的运营成本、产品质量等要素进行有效的、动态的结合，保证收益的来源和获利空间。另一条为横向途径，通过有机融合竞争者与协助者获利。网络运营者的竞争存在于各行各业，不仅在互联网行业，在互联网发展早期，其他产业是其主要的竞争对手。协助者是指某些因其商品被顾客应用或其社会形象得到顾客认可后，而让顾客更加注重运营者商品和服务的个体或机构。所以，互联网运营者要想有机融合竞争者和协助者，就要不断提升自身竞争实力、凭借竞争获得合作、实现互利共赢等，这些做法十分重要。实际上，顾客、供应商、竞争者、协助者四者间是一种动态的、可互相转变的关系，网络运营者要全面考虑以上两条途径。值得注意的是，因各网络运营者的本质不同，因此其个性也不尽相同，具有相对性。他们的存活和发展都靠利益来维系，前提为客户利益。坚持以客户为指导方向的原则。网络运营者要想获得真实的效益、完成高尚的使命，就要遵守先进的行为标准。要提倡网络运营行为的服务标准，还是客户导向的服务标准。行业结构理论表明，对一个国家行业结构产生重要影响的因素主要有国际贸易、供需结构等，基于这些要素的影响，行业结构不断完善、不断改进，全面发展，使之更适应行业发展的需求。根据此理论，我国经济进步的服务化特点逐渐展现，开始进入"服务经济"时期。

网络运营者所从事的行业活动，更体现了服务的本质，即帮助客户处理问题。为了保证服务品质和服务成效，网络运营者应加强职业培训，提升专业素养，爱岗敬业，遵守法律；担当资格认定责任，实行承诺服务；增强自律，接受年度考核以及市场、社会监管；保证制造过程合理规范、服务内容切实可靠、标价合理、应用便捷；不断创新，给予合作进行不断的良性竞争；强化自身团队管控和客户管控，提升收益，促进产业的繁荣发展。这些行为标准的本质就是坚定客户导向准则。该准则指的是服务项目要展现出客户的导向性、服务的切实可靠性以及客户与服务人员之间的互动性，保证服务人员的目标和客户的目标、服务的条件性和不确定性与客户的可辨别性和优先性、客户的主动性和服务人员的自主性的有机统一。坚定客户导向准则，要仔细调查和解析了解客户。对此，互联网运营者应考虑以下问题：

（1）客户的自然属性是什么，例如性别、民族、职业、年龄、详细职务、地理位置、社会地位、学历以及经济收入等；

（2）顾客当时的个人追求是什么，例如需求、消费动机、个人兴趣、价值观念等；

（3）顾客在那时的态度状况，例如情感状态、认知水平、行为动机的激烈程度等；

（4）顾客在那时所处的环境怎样，例如地理环境、社会环境以及信息环境等；

（5）顾客的实际疑问对于个体和环境的关键性、紧急性、可辨别性程度怎样；

（6）顾客要求的意识程度和展现程度怎样；

（7）顾客的心理状态怎样；

（8）顾客的信息查询条件、搜查能力、应用能力以及处理问题能力怎样；

（9）顾客已积累的经验有哪些；

（10）顾客对服务方面有哪些要求？

遵循顾客导向准则，要准确找出顾客亟待解决的难题。网络运营者要及时了解问题的本质，并仔细解析问题的初始形态和目标形态，并找出二者之间的差距，还要尽全力帮助顾客处理问题，有效解决难题便是达到问题的目标形态，需要多种条件。在服务过程中，网络运营者要站在消费者的立场上，充分考虑消费者真正需要的是什么，并为其提供帮助，不能敷衍了事，沿用老旧的服务模式，降低用户的体验感。除此之外，还要注重顾客在解决问题后能够得到的利益，要优先确保顾客的效益。总而言之，网络运营者不能脱离高尚的使命、切实的效益以及顾客导向准则；只有某些能够一直帮助顾客处理难题的网络经营者，才可能真正取得成功，走向胜利。

在互联网治理过程中，普通客户发挥着关键的作用。某个网络客户在接触海量的服务器、用户地址、人员以及系统时，就要对自身行为负责。互联网的涉及范围非常广泛，它是一个由不计其数的个体构成的网络"社会"，使用互联网体系的客户应知晓其他网络用户的存在。任何网络或体系都有其自身的准则和流程，某一种行为或许在这个网络或体系中被允许，但在另一网络中就有可能被制止，所以，严格遵循其他网络系统的准则和流程也是网民的义务。

三、网络道德他律

政府对网络社会的管理和监控是网络道德他律的重要形式。让所有网民的网络传播权利获得真正的普及，拉近人与人之间的距离，但是，放飞自我、过度自由必定会导致互联网秩序杂乱无章，故必须对其进行严格的监管和治理，这一点毋庸置疑。相比于以往的大众传播方式，网络传播形式具备其自身优势和奥妙，信息数据传播的时效性、存储的数据化、超文本链接以及传播因素的多样性等都给人类带来了一个神话，但是，众所周知，网络的快速发展既有利也有弊，它让网民体验到了传播的快乐，与此同时，也产生了许多难办的社会问题，比如网络诈骗、网络犯罪、色情传播、病毒入侵、垃圾短信等，还会散播一些错误的理念，不利于未成年人的健康成长。所以，必须加强有关政府部门对网络传播的监督管理，这十分重要、迫在眉睫，实际上，各国政府机关都在主动踊跃地探究最好的网络监管方法。

当今网络社会的信息传播方式加大了信息社会监控的难度，由于网络的虚拟化和信息化程度十分高，所以一直没有行之有效的信息管理和控制方式。我国现行的法律和执法机制是以实际的地理范围为基础的，但是互联网突破了地域的限制，使得人们能够跨越国家和地区的界限进行自由的交流。对于实际生活中出现的违法行为可以依据不同的法律进行判定和执法，但当这种行为发生在网络空间中时，就会因制裁主体和行为人等的认定出现矛盾和漏洞。网络空间中的信息呈现多向性、发散式的传播形式，这也为信息传播监控带来了很大的困难。若网络信息"把关人"的意识淡薄、信息监管能力不强，那么网络信息传播监管工作更加难以看出效果。但这些情况只是一时的，相关组织应肩负起应有的职责，杜绝网络是"法外之地"现象的出现。网络传播的政府监控主要通过以下途径进行：

（一）政府要充分发挥传统媒体的无形监控作用

在网络传播中，传统媒体在很多方面影响和规范网络信息传播。传统媒体在一定程度上仍然设置网络的议题，不排除一些问题在传统媒体没有报道时，网络就已开始传播，但更多的是经传统媒体上报道的事件成为网络传播的焦点。对于电视、广播或者杂志来说还能够创建属于自身的网站或者通过电子版的方式来进行网络传播，因为这些传统媒体方式自身所具备的各种优点，比如品牌优势和公信力等，因此他们的网站相对来说更能够被人民大众所接受。商业网站因为不具备新闻采访权，它所掌握的新闻资讯大多是从电视、广播等一些传统的媒体方式上得来的。因此总的来说，人们获得新闻资讯的主要途径还是传统媒体，传统媒体可以利用对信息源的控制，来监视网络传播的全过程。

（二）政府要加强对网络传播的法治规范和有效的行政管理

政府作为制定网络政策规范的主体，在制定关于网络管理的相关法律法规时，不仅要顾及相关政策法规对于传统内容的传承，还应该具备超前的发展观念，制定极具弹性的网络社会法规和标准，让网络社会能够可持续地健康发展。政府还应该基于创建、试行网络传播原则，再出台专门的网络传播法，同时还要提供给相关部门专业的人才支持，增强政府法治化管理的能力。在真正实践的过程中，政府必须严格遵守网络新闻发布的有关管理条例，对网站要进行归口管理、分级负责。我国公安部发布的《计算机信息网络国际联网安全保护管理办法》中明确指出严禁一切企业或者个人通过国际联网创造、复制、传播色情信息。政府的相关部门不仅要大力普及国家制定的法律法规，还应当充当起网络警察的角色，强化对于网上"黄"与"毒"的监察工作。同时政府还应该加强对于互联网接入服务企业的安全管理工作的监督，严格遵循"谁主管、谁负责"的管理办法，命令各接入服务企业必须承担起相应的信息安全监管义务。

（三）政府可运用技术手段对网络进行管理

网络信息技术在横向发展和纵向层次提升方面，给网络技术管理工作带来了新的问题。这也就证明了对于互联网的管控工作，相较于互联网自身的发展速度还是比较落后的。可是当前对互联网管控最高效的方法还是离不开科学技术的帮扶。利用创建防火墙，在网络空间中设置智能化的网络安全系统，能

第四章 网络秩序的规范

够自动排除不良信息。防火墙技术属于近几年发展较为迅速的一种网络安全技术手段和产品,在内部局域网和外部广域网中间设置了一道无形的屏障,确保了内外网之间进行访问的防范性,隔绝了外部网络对于内部网络的入侵行为,在网络安全系统中发挥了对于网络入口的监管功能。对已知的一些不法网站,可以在互联网的国际出入口通道上设立过滤系统。另一方面也可以从用户的角度进行抵制。在我国台湾地区,有关社会机构对网络色情给青少年带来的危害也很重视,认为网络已成为学校、家长管教及监督的"死角"。家长担心小孩上网接触色情信息,有的家长为了便于监督干脆就把计算机安装在客厅。为了使少年儿童上网不至"因噎废食",台湾励馨基金会推出一个"儿童ISP"方案,其概念是在一个网络服务提供者(Internet Service Provider, ISP)上使用过滤软件,凡是通过这个ISP提供的账户上网,据称至少可以99.4%的阻绝率过滤色情网站,家长得以放心让孩子上网。此外,我国台湾地区有关商家还提供一些能够阻拦色情信息的软件,如"网络色情锁"。这种软件会对网络上的信息资料加以整理、分类,可以根据自己的需要,设定不想看的网站或信息资料,对于色情、暴力等文字或图片甚至可以完全阻拦,并且能过滤电子邮件或文字编辑器中的脏话。在美国,自从美国最高法院裁定美国政府规范互联网的《通信规范法案》违宪后,克林顿即宣布将通过科技手段解决网络上"不当言论"的问题,因此,美国各州政府纷纷开始开发过滤软件或称之为监察软件,这些软件提供过滤网页的功能,将有问题的网页堵在门外。这些软件可分为两大类:一是过滤型系统。所谓过滤,就是对于一个网站而言,除了一些被认为是不适合的网页外,准许浏览者接触其他正常的网页。要过滤掉被禁止的网页,过滤系统必须安装、使用被禁止网页的网址资料库，而且需要时常更新（即升级）。因此，当浏览者输入被禁网页的网址或点击其链接时，过滤系统软件会自动拒绝他们的要求。过滤系统对于用户的搜索活动也有阻止作用，系统的资料库会包括一些字句（类似于关键词），可以阻止用户将这些字句输入网页搜索器，以防止用户通过搜索器查找色情网站或其他不恰当的网站。过滤系统的软件还会禁止这些字句通过TCP/IP协议传播，有的过滤系统可以阻止用户向外发送含有特定字句的信息。二是评估制度型系统。这种类型的系统，是建立在对网站的内容进行评估的基础上的。这种软件只允许用户访问符合某些安全标准的网站，其他网站则会被禁止。评估制度目前只依从两个组织的标准，它们分别是 Recreational Software Advisory Council（互联网娱乐软件资询委员会，简称 RSAC）和 Safe Surf（安全冲浪）。RSAC 由一些志愿相同的软件出版商于1994年制定，目的是生产一些评估软件，帮助家长去识别暴力、色情游戏，现在"RSAC"的标志出现在多种录像带与游戏光盘上。后来这个评估制度被应用到网上，仍称为 RSAC。从实践效果来看，一方面，网站设立者对评估制度的反应不是十分积极，所以未能理想地发挥评估制度的效用；另一方面，评估制度的"弹性"较大，在有的已通过评估的网站中可能存在着些许应当被禁止的页面。近年来评估制度也在不断发展、成熟，业内人士认为评估制度将是"长久之计"。当然，技术措施也永远不是万能的，在选择安装了适合的过滤系统后，家长要注意系统的设置和使用是否正确、恰当，最好要经过若干模拟试验，并注意系统的密码不可泄露给孩子。在采取技术措施的同时，父母与子女的沟通十分重要，要多留意孩子上网的情况，特别是网上交友情况。利用分类与筛选软件，将网络的不良信息区分为不同的级别，也可以利用人工制定过滤的准则，但一旦信息不正确就很容易被人忽视。比如我国从1996年起应用的"互联网络内容选择平台"就是通过与我国影视作品的内容分级制差不多的制度,将网络中的信息划分成了四大类型,依次为性、暴力、语言和裸体镜头,不同类型的信息级别均为0级至4级,级别数值越大,该信息的危险性也越强。为缓解信息利用率低下的问题,可以建立数字化图书馆,通过利用对各种信息的过滤,能够扮演信息传递"把关人"的角色,协助人们过滤掉所有劣质信息,从而保证了人们所接触到的所有信息内容,都是相对健康和正能量的。

(四) 政府通过强化社会道德对网络传播进行管理

黑客是一种在网络技术以及网络文化不断拓展的过程中衍生出来的社会亚文化现象。大部分黑客并不仇恨社会,可是会无视社会秩序。他们不认同种族歧视、支持保护环境、抵制新纳粹网站等,可是在以上层面所表现的"黑客文化"和现实社会的主流文化是较为相符。可是黑客们并不认同知识产权,在他们看来放到网上的一切资源都应该是免费共享。"黑客文化"具备较强的反传统观念,甚至一些后现代派的行为模式等,这些又都和现实社会的文化与秩序表现出较为显著的区别。因为网络中充斥着超越现实社会的自由度,网络又是令大多数人感到自由不受约束的空间,所以就有人在网络空间中任意发表一些言论,宣泄各种不满的情绪,其中涉及对某些事物的极端情绪。有些机构会借助网络的手段宣扬他们的立场,想要利用网络的力量来增强他们的势力。在一些专家学者看来,网络空间中存在的仇恨文化现象恰恰表现出了人们无法接纳不同的文化种族、宗教种族的狭隘之心。互联网的产生,使得这些年轻人获得了一个能够畅所欲言的平台,但是如若不进行干预,那么后果将会非常严重。还有些专家认为,网络仇恨文化是必须给予高度关注的网络道德问题，此种负面文化的情绪一旦被扩展，那么就有可能演变为真实生活情景中的仇杀或者暴力事件。在现如今，法律与技术对于网络传播的监管并不是万能的，这时就能够凸显出道德的作用，由于不管网络具备何种隐匿性或者虚拟性，其行为主体基本上都是现实生活中真实的个体，一个人在网络交往过程中是否文明，大部分取决于该人的道德素养的高低。因此，从某些方面来讲，能够约束好现实生活中的个体，也就代表着能够约束好网络空间的秩序，能够强化网络社会的伦理建设。

第五章

网络社会安全的维护和调控策略

第一节　虚拟社会中网络安全概述

一、网络安全的相关概念

21世纪，我们正处在网络时代。随着以Internet为主体的信息网络在全世界范围的普及与应用，世界各国对信息网络的依赖程度与日俱增，网络安全问题亦纷至沓来。由于信息网络国际政治属性的日益凸显与国家安全利益的需求，对于网络安全问题的分析和控制已经成为人们关注的焦点和学者研究的重点。

（一）网络安全与信息安全

本书所说的信息安全指的是保护国家、组织以及个人的信息不被入侵，信息空间、载体或者资源不会受到内外部的损害。国际信息系统安全认证组织把信息安全划分为十个不同的范畴。

事实上，网络安全根据它的本质来分析指的就是关于网络的信息安全，大多包含因为电信、计算机、有线电视等网络方式，所创建的信息网络的安全状态或稳定状态，详细来讲，也就是指网络系统中的相关设施，还有系统中的信息被有效保存起来，不会由于意外使得原来的系统中的信息被损坏、修改，系统可以持续地运营，网络服务不会被终止。

(二) 网络威胁

网络威胁指的是错误地使用网络造成安全威胁，进而造成信息泄露、资源消耗大、未经授权的访问、资源被偷、资源被损坏等。网络安全所面临的威胁来源有很多，它的主要种类分为（1）窃听：从广播式网络体系里的各个环节都可以得到正在利用网络进行传送的有效信息，重点方法包括搭线窃听、组装通信监视器并且获取网上的资讯等，但是网上的数据或者未经授权的访问无法被轻易找到。（2）假冒：某个实体被假装成其他实体实施网络活动。（3）重放：旨在获得合理授权，使得一份报文或者报文的局部出现重复的内容。（4）流量分析：根据对网上信息流的监测，进而剖析输送的有效信息。比如是否可以传送、往何处传送、数量与次数等。（5）数据完整性被破坏：经常主动或者无意识地修整或损坏信息系统，或是在没有被授权或者无法监视的场景下对数据进行调整。（6）拒绝服务：即授权的实体无法得到对于网络资源的访问权或者紧急操作被推迟时，造成了拒绝服务的状况。（7）资源的非授权使用：也就是和所制定的安全使用不相同的使用方法。（8）陷阱和特洛伊木马：替换系统内部的合法流程，或是合法流程被输入虚假的代码，完成非授权的过程。（9）病毒：在计算机系统中输入可以进行自我复制的一系列计算机指令，来损坏计算的部分功能。（10）诽谤：在网络信息空间中传播不切实际的信息，使得某个主体的名誉权和形象受到损害。

二、网络安全问题的特征

保证网络安全，最根本的就是保证信息安全的基本特征发挥作用。而网络安全主要有以下几个基本特征。

（一）完整性

指信息在传输、交换、处理和存储的过程中保持信息原样性,即信息不被修改、不被破坏、不被丢失,能正确生成、存储传输信息,这是最基本的安全特征。

(二)保密性

指非授权的个人、实体或进程不能接受或利用信息,即数据只能被授权对象使用。主要分为网络传输保密性和数据存储保密性两个方面。

(三)可用性

指授权实体能够正确访问和按要求正常使用网络信息,并且在非正常的情况下也能够迅速恢复使用的特征。即在网络信息系统运行时能正常存取所需信息,而当网络系统遭到攻击和破坏时,能够迅速恢复并再次投入使用。

(四)不可否认性

也称为不可抵赖性,即网络信息系统的所有参与者都不能否认曾经完成的操作和承诺。

(五)可控性

指对信息在网络信息系统中的传播途径、范围和内容能够实现有效控制。对于网络信息的控制除了采用传播站点和传播内容监控的形式外,最典型的是密码的托管政策。

三、国内外网络安全问题研究现状

网络安全问题一直都是网络研究领域的核心课题之一,国内外专家学者对网络安全问题从不同层面、不同视角,并采用了不同的方法开展研究,而其中的研究方向主要有以下几类。

(一)对网络安全的认识

关于网络安全,中国国内和海外很多研究者都做过很多研究,也形成了不同的理解方法。国内学者对安全的基本理论问题做出了比较权威的解答。安全指的是整个网络系统的硬件、操作系统的应用软件,以及操作系统中的所有数据。不受不良因素的影响,如损坏、更改、泄露等,其数据都得到了安全保存,在操作系统中能够不间断地安全工作,网络服务也没有被中断。网络的物理安全性、软件安全性、数据安全性、安全性管理等是网络安全的具体内容。从实质上来说,网络安全是指在互联网上进行的信息安全,广义地来讲,网络的研究区域涉及多个方面,像网络信息的完整、保密、真实、可用、可控的有关技术和理论。

Harole F. Tipton 和 Micki Krause 作为美国的网络问题安全专家,他们认为网络安全包含了如下内容:访问未授权、访问越权、知识产权盗窃、信息乱用、儿童色情、财产盗窃、隐私侵犯访问、计算机病毒破坏财产、敲诈勒索、挪用公款等。

总体来看,当今的网络安全认识主要包含以下两个方面:一是软件系统的安全和硬件系统的安全;二是网络信息在存储、传输中的安全。

(二)网络安全的防护

安全的防护技术是网络安全研究计划的另一项主要目标。学者们针对安全的类型,提出了相对应的信息处理方法。专家李涛对安全的类型,又分成了应用安全、网络系统安全、网络安全(网络安全主要是网络传输安全),有的应用安全又细分成电子邮件安全、软件安全,同时也根据这些安全制定出了相应的网络安全防御对策。专家孙延衡从宏观方面针对网络安全问题设计出了三大方法:法律措施、长远的战略措施、技术措施。

Harole F. Tipton 和 Micki Krause 是美国的互联网技术保护学者,他们共同提出了互联网技术、网络安全管理、互联网法律三个领域的互联网保护的重点研究:(1)安全技术包括访问控制系统、通信技术、应用与安全技术、通信与互联网、密码学、

第五章 网络社会安全的维护和调控策略

物理安全;(2)网络安全管理主要包含安全管理和灾难恢复技术两个方面;(3)网络安全规则主要以网络安全法律和道德规范建设为主。

四、大数据背景下的网络安全问题

最近几年,互联网的发展突飞猛进,如今的社会已经迈入大数据时代,信息技术学术界和产业界的大数据问题已经成为人们广泛关注的问题,它成为当下信息科技研究的一个研究主题。大数据背景下,因特网上不断涌现出海量的敏感信息,使得因特网的安全问题日益突出。

(一)大数据相关知识的基本概述

大数据是指需要新处理模式才能具有更强的决策力、洞察力和流程优化能力的多样化信息资产,它的特征是信息量大、信息主体多样化、信息更新速度快、价值密度低。

大数据在数据量的大小上已经超越了传统意义上的尺度,但是大数据不仅有巨大的数据量,同时也有着多样的数据类型和较快的处理速度。在现代互联网络中,拥有海量用户和敏感信息的大数据,极易成为攻击对象,而数据的泄露和丢失都将造成难以估量的经济损失,所以在大数据环境下保证网络安全是一个不容忽视的问题。

(二)大数据时代网络安全出现的问题

大数据环境下的网络安全问题,主要有信息访问权限混乱、数据集群泄露以及智能终端危险化三个方面。

1. 信息访问权限混乱

访问权限是一种在预先定义的组中,通过成员的身份来约束某些信息或某种控制机制的一种机制。因特网的系统管理员一般负责对该地区的网络资源的接入进行管理,并对外人进行控制,在管理人员授权的情况下,外人才可以进入这个网站。随着科学技术的不断发展,海量信息汇聚,信息接入权逐步削弱,造成一种杂乱无章的情况,使得网络中存在某些不安全因素。

2. 数据集群泄露

由于数据的快速收集与存储,保护数据的安全性变得越来越困难。互联网当中数据泄露的渠道越来越多,这也导致了用户数据泄露的风险随之增加。当前,黑客攻击的目标已经从个体转移到了金融、证券、大型企业等数据集群机构,这些机构既能为其带来丰厚的收益,又无法应对日益增长的数据需求。因此,保护用户隐私成为当务之急。由于其脆弱性,数据集群机构极易受到病毒攻击,从而导致系统瘫痪。

3. 智能终端危险化

伴随移动与联通 GSM 网络的普及,智能终端已经成为各行各业的重要组成部分,它可以通过短信的形式实现数据的传输,为企业提供了更加高效的管理服务,大部分企业也将其内部的员工信息存储在智能终端中,从而实现了更加精准的管理。可是,这种方式可能会带来严重的安全风险,因为智能设备可能会成为黑客攻击的首要目标。

(三) 大数据环境下的网络安全措施

针对大数据环境状态下的网络安全问题,重点从下面几点采取预防措施:

1. 访问控制

通过实施访问控制,可以有效地保障网络系统的安全,进行访问控制可以有效地控制用户的访问权限,它可以通过对用户的身份验证、口令加密、文件授予权限以及对网络设备的授予权限来实现对不正当行为的拦截和抑制。通过对用户的身份进行严格的认证，能够更加有效地管理和监督他们的行为，从而达到保护网络信息、提高系统安全的最终目的。

2. 网络隔离

网络隔离作为一种新兴技术，它可以将两个或者两个以上可连接的互联网之间的信息隔离开来，从而保护双方的信息。采用先进的防火墙、多重安全网关、网闸、交换机等技术，可以有效地抵御恶意攻击，保护用户的个人信息，与此同时，网络隔离也能够避免渗透，大幅提升了系统的安全性和稳定性。

3. 数据加密

数据加密技术是保护网络数据安全的关键手段，它能够有效利用加密算法和加密密钥的方式把数据转换成加密格式，以此确保数据的安全传输和存储。差别类型的数据能够采用差别的加密算法，并选择适当的加密措施来防止数据被盗取或者泄露。

4. 入侵检测

通过入侵检测，可以收集和评估主机与网络的重要数据，从而可以发现和识别恶意攻击与资源浪费的行为，它是一种积极自主的防护策略，不但可以发现错误的操作、外部和内部的攻击，还可以将它们有机地融合在一起，从而更好地抵抗网络攻击，以此确保数据的安全。

5. 病毒防治

最常用到的抗击病毒的方法是定期抗病毒活性监测、消灭感染以及预防病毒这三种方法。为了有效地抵御病毒的侵害，应该首先使用专业的防毒软件，定期更新安全补丁，与此同时，应该先检查下载的文档，然后才可以正确安装，最后还应该定期将其进行备份。

第二节　虚拟社会中网络安全问题的类型

一、网络虚拟社会中的国家战略安全

据国家互联网应急中心（CNCERT）发布的《2014年我国互联网网络安全态势报告》显示，我国的网络安全不容乐观。近年来，我国互联网市场和用户规模已经实现跨越式的增长，增长的背后也带来了网络安全威胁等伴生性问题，如基础网络存在较多漏洞风险、云服务成为网络攻击的重点目标、域名解析篡改、网络攻击向工业互联网领域渗透等。2014年CNCERT抽样检测发现境外42万个控制服务器控制了我国境内1081万余个主机，同比增长了45.3%。[1] 境外木马或僵尸程序控制服务器涉及IP按国家和地区分布来看，美国占比达到了21.8%。此外，针对金融、电信行业的仿冒事件也大幅增长。2014年检测发现我国境内的仿冒页面近10万个，涉及IP地址6833个，其中89.4%位于境外。境外黑客针对我国政府部门和重要行业单位网站的攻击频率程度及复杂度加剧。2014年我国有1763个政府网站被篡改，1529个政府网站被植入后门。国内有人形容我国网络安全为"裸奔"，存在三大缺陷。第一，网络关键设备没有自主权，政府部门及多数领域的主机装备中近半数都是采用的国外品牌，金融电信业甚至99%都是外国货；第二，网络产品审核制度不够缜密，国内许多采购案关键设备都优先采用国外的，"这等同于把自己的秘密置于别人的眼皮底下"；第三，监督系统不完善，表现在电信运营商已初步建立恶意程序检测，

---

〔1〕 国家应急中心发布《2014年我国互联网网络安全态势报告》。

日志保存等技术手段,但都是事后处置,不能及时溯源。网络安全的挑战不仅关乎个人,它已经成为国家安全战略的重要部分。2014年政府工作报告首次出现"维护网络安全"的表述,这意味着网络安全已经上升到国家战略的位置,维护网络安全是维护国家安全利益的首要任务之一。

二、网络虚拟社会中的个人行为失范

(一)网络行为失范的概念

网络行为失范是指在网络空间中,个体或群体的行为违背了一定道德、法律或规范,对他人或社会造成了负面影响。

(二)网络虚拟社会中的个人行为失范的形态表现

网络虚拟社会中的个人行为失范,指的是以个体为行动主体做出失范行为。主要包括以下几种:

第一,探知、侵入和破坏行为。在网络虚拟社会中,有人通过非法手段获取他人的隐私信息、入侵他人的系统或者破坏他人的网络安全。这些行为都违反了网络安全法律法规,严重影响了网络社会的秩序与稳定。探知行为是指未经授权获取他人的个人信息或系统信息,如非法获取账号密码、窃取个人隐私等。侵入行为是指未经授权进入他人的计算机系统或者网络,如黑客攻击、网络入侵等。破坏行为是指通过病毒、木马等恶意程序对他人的计算机系统或者网络进行破坏,如破坏数据、篡改网站等。这些行为不仅给个人和组织带来了巨大的损失,也对社会的信息安全和经济发展造成了严重威胁。

第二,不当信息的传播和获取行为都是个体对互联网信息的不正当使用。这些信息包括虚假信息、色情信息、虚假广告等,这些信息可能误导公众,扰乱公众秩序,甚至对个人心理健康造成伤害。不正当信息的传播和获取是自媒体时代的常见问题。

第三，网络社会交往中的失范行为。互联网拓展了人们的社会交往空间。同时，在互联网中互动各方的身份信息都尽可能隐去，主体具有了完全的自控权，摆脱了外部因素的束缚，在交往中缺乏必要的自我约束，由此而导致网络社会交往中的失范行为。

第四，网络运用不当。主要有两种情况：一是指借助网络从事非法或者不正当的行为活动；二是指合法及正当地使用互联网络的过程中出现的偏差，最主要表现为"人—网"关系失调，如"网络沉溺"。

（三）网络失范行为的社会危害

网络失范行为类型各异，带来的危害程度也不同。网络失范行为的社会危害主要表现为以下四个方面：

1. 不良信息传播的社会危害

互联网络既是巨大的信息资源库，又是便捷的信息传播平台，便于人们获取和传播信息，但同时它承载和传播的不良信息甚至是有害信息，可能助长和诱导人们的网络失范行为，甚至可能成为网络行为失范的直接诱因。

2. 不同类型和不同程度的权益侵害

网络失范行为所造成的社会危害，还表现在其所引发的各类显性的或隐性的权益侵害上面。目前的网络犯罪形式主要包括制造和传播计算机病毒、盗窃、诈骗、"色情营销"侵害隐私权、人身攻击、侵犯知识产权、危害国家安全、网上赌博以及从事其他非法经营活动等。

3. 个人的自我脱序危害身心健康

"自我脱序型"是网络失范行为的一种特殊类型，主要指面对互联网络给予的自由，网络行为主体没有把持住自己网络行为的理性边界丧失了网络行为主体的自主性，呈现出一种"脱序状态"。比如我们常说的"网络异化"、"网络沉溺"和"网络成瘾"问题。

4."网络社会"的正常运行受到干扰和阻碍

网络失范行为是"网络社会"正常运行的一种"扰序因素"，它一方面会导致"网络社会"的混乱无序；另一方面，这种网络社会的无序状态，也会误导人们的思想认识，造成网络主体在网络文化价值观念的确立和网络行为规范的认知上的误差，甚至污染"互联网社会"的文化环境。

三、网络虚拟社会中的媒体功能缺失

（一）大众传播媒介的功能

哈罗德·拉斯韦尔提出了大众媒介的三个基本功能：监视环境、协调社会和文化传承，赖特在此基础上又补充了第四种功能——娱乐，而美国学者施拉姆又加了第五种功能——经济功能。大众传媒的主要功能有：传播信息，实现信息共享；监测社会环境和实行舆论监督推动社会进步和改革；传播社会文明，普及文化教育；提供休闲娱乐，满足受众精神需求。

（二）网络虚拟社会中的媒体功能缺失

近几年来，由于网络传播的特殊性，随着媒体市场化改革的推进，在互联网上传媒领域的"三俗"之风不断蔓延，有偿新闻、虚假信息和诚信危机等问题出现得越来越频繁。在网络虚拟社会中出现了媒体功能缺失的现象，主要有以下几种表现：

虚假新闻泛滥。在互联网络中，追求点击率，有些媒体直接将网络中的谣言当作新闻线索，而不再求证其真实性，通过网络加工形成虚假新闻。甚至为了吸引受众，有的媒体不惜编造虚假新闻，增加耸人听闻的资讯量。"三俗"内容的传播。由

于互联网的开放和自由,媒体对于传播内容的把关相对宽松,导致传播内容的低俗化、庸俗化和媚俗化。媒体没有起到监测社会、传承文明的功能,甚至危害了网络虚拟社会的秩序稳定。侵权行为猖獗。近几年来,互联网上媒体侵权行为屡禁不止。比如说2010年百度"文库书店"未经授权传播作品,侵犯了作家的知识产权。网络侵权行为不仅会阻碍社会经济发展,而且会抑制社会知识和技术创新。

四、网络安全与虚拟社会管理秩序

(一)虚拟社会的基本特征

虚拟社会(Virtual Society)又称赛博社会(Cyber Society),是指不同网民之间经由计算机、远程通信终端等技术设备相互连接起来以进行信息的共享、互动与交流,并在其中进行社会交往和社会活动而形成的一种亚社会性质的网络虚拟空间。虚拟社会在一定意义上是现实社会的别样表达和延伸,但同时,它也有其独特的社会属性。

第一,时空的无形化。虚拟社会打破了现实社会交流和交往中的时空界限,拓展延伸了社会交往的空间。第二,主体的多元化。虚拟社会的主体性是开放的、多元的,人们不必遵循既定约束,无论年龄、性别、社会阶层、文化背景如何,都可以畅所欲言。第三,虚拟社会是一个高度隐蔽的社会,网络主体面对的是一个符号化的世界,互动各方的身份信息都尽可能隐去。第四,行为的自主性。在虚拟社会里,主体具有了完全的自控权,摆脱了外部因素的束缚,可以自由表达、自主地进行网络社会交往与其他活动。第五,交往的互动性。互动是虚拟社会形成与发展的重要特性。在虚拟社会中,群体之间的互动是多向的、共时的、非线性的,很大程度上满足了人们对交流和沟通的心理需求。

(二) 网络安全与虚拟社会管理

虚拟社会的实时性、互动性和开放性给人们的生活带来了便利,促进了科技的发展,提高了社会管理运行速度,但同时如果虚拟社会管理不当,也将引发一系列的网络安全问题。

一是网络犯罪增多,网络病毒危害严重。网络公关公司兴起,"网络水军"肆虐,恶意攻击对手,试图掌控网络舆论,破坏网络秩序;钓鱼网站、骗子网站层出不穷,欺骗消费者;"黄""赌""毒"等违法网站屡见不鲜,打击不尽,危害青少年身心健康;计算机病毒也严重地威胁着网络虚拟社会的正常秩序,甚至给网民造成了难以弥补的损失。

二是为了争夺利益,导致网络事件增多。"谷歌退出中国事件""360和腾讯大战事件"从根本上来看,都是互联网公司为了争夺利益而引发的网络典型事件,同时也暴露了网络虚拟社会管理的无序性。

三是网络信息污染问题。虚拟社会的自主性、开放性给了不怀好意者可乘之机。某些强权国家利用其在互联网上的主导地位,宣扬本国的价值观念和意识形态,对我国的思想、观念、政治伦理道德等产生冲击;某些组织也通过互联网传播淫秽色情、暴力、赌博、邪教等不良信息和西方资本主义的意识形态,威胁着网络虚拟社会的稳定。

五、技术生态下的网络安全

随着网络技术的飞速发展,网络安全产业正发展成为一个复杂、多元化的生态环境,诸多的网络安全问题也随之而来,网络安全问题已经影响到了经济社会的健康发展,构建网络安全生态体系迫在眉睫。

（一）美国提出的"网络生态系统"

"网络生态系统"（Cyber Ecosystem）这一新概念是2011年美国在关于网络安全发展战略的演进中提出来的，这一概念也逐渐清晰和成熟，成为美国网络安全发展的重点领域之一。

"网络生态系统"概念的提出受到生物体免疫系统以及社会公共健康领域的疾病控制的启发，设想建立一套与生物体免疫系统相类似的网络安全防御体系，利用网络设备中内置的安全功能，通过自动化标准化程序及协调一致的行动，使网络空间中的各要素形成一个集体行动、自动防护、自我愈合的健康、安全和抗压的网络生态系统。

（二）网络安全技术与网络生态

美国为了确保网络和信息技术在世界的领先地位，制定了网络与信息技术研发计划（NITRD），旨在通过对网络、计算系统、软件和相关信息技术进行基础和长期的研究，确保美国网络安全发展的战略优势。实际上美国提出"网络生态系统"的概念，目的就是要形成网络空间领域统一的安全理念和指导思想，实现政府对网络关键技术的引领。构建网络安全生态环境，最主要的是加强网络安全技术研发力度。首先，需要设计便于使用、便于管理并且能快速定制的可信技术，建设多层次、全方位的安全的可信系统，确保技术能够感知、反映和交流网络安全性及其环境的变化，确保互联网及其信息在检索、创建、传输、存储过程中的可信度，以及网络系统的可信度。其次，在网络设备层面，研发人机交互技术，更好地拓展人机协作新模式。最后，提高网络安全程序的自动化水平。使网络主体能根据需求自动选择安全行动，改动配置，从而加强抵御入侵的能力。

第三节　虚拟社会中网络安全问题的危害

一、网络安全问题案例解析

提到网络安全，不得不说的一个人就是美国国家安全局前雇员、中央情报局前技术助理爱德华·斯诺登。有人说他是英雄，也有人认为他是叛徒。说他是英雄，是因为他撕开了一道口子，说出了世界各国出于国家安全的需要以各自的方式进行网络监管，而美国却超越了道德能允许、公众能接受的底线；说他是叛徒，因其对美国而言是一个耻辱。制造了"美国40年来最大的丑闻"。"斯诺登事件"的发生给世界各国上了一堂活生生的网络安全课。

"斯诺登事件"的发生令世界陷入恐慌。对被监视的国家而言，网络安全项目形同虚设；对监视国美国而言，网络安全政策也面临严峻挑战。而对"斯诺登事件"也不应该只停留在道德讨论上面，更应该成为各国改进网络安全和推动全球网络空间治理的契机。就斯诺登本人而言，是英雄还是叛徒历史自有定论。

二、常见的网络安全类型特征和成因分析

（一）网络安全分类

网络安全事故根据事故原因可以分为自然安全事故和人为安全事故。自然安全事故是指受不可控力的影响而产生的安全事故，如受地震、火灾等影响而产生的网络安全事故。人为安全事故是指由人的行为引发的网络安全事故，包括人的主观故意行为或人因失误行为而导致的网络安全事故。人的主观故意行为可以分为故意破坏、不遵守规则和刺探秘密。

网络安全人因失误行为是指人的行为在没有外力干预下偏离了安全的成功执行路径或执行了错误的行为序列,从而导致网络安全事故或事件。它又可以分为意向行为和非意向行为,其中意向行为包括错误和违规,非意向行为包括疏忽和遗忘。

(二) 网络安全产生的因素

网络安全系统中的各个因素既相互联系,又相互制约,都将对网络安全产生影响,具体包括:

1. 人的因素

人是网络安全的根本因素,所有网络安全问题都是由人造成的,而产生的结果也由人来承担。人对网络安全的影响因素包括人的生理因素、心理因素、认知功能因素等。人在网络安全中产生的作用主要有以下两个方面的表现:第一,人是网络安全的保障者,包括网络安全设计、网络安全维护等工作都是由人来承担的;第二,人是网络安全的破坏者,这种破坏包括主观故意破坏和人因失误而造成的破坏。

2. 信息因素

信息安全是网络安全的主要对象,也是影响网络安全的重要因素。这种影响是通过信息对人与环境的影响体现出来的,互联网是信息的处理加工工具,也是信息传播和发挥作用的场所,不健康的信息传播会影响人的身心健康、威胁网络秩序的稳定。

3. 环境因素

环境是网络安全的重要制约因素包括硬环境和软环境,硬环境主要是指网络系统软、硬件设备和包括其他物理设施在内的物理环境,它主要是通过直接制约人的网络行为而影响网络安全,软环境包括法律、法规和社会道德规范等,它主要通过间接的方式影响网络行为主体，从而影响网络安全行为。

三、网络安全事件的传播模式

（一）网络攻击的步骤

网络攻击是产生安全事件的起因与源泉。网络攻击是指网络用户未经授权的访问尝试或者使用尝试，网络攻击的目标主要是破坏网络信息的保密性、完整性、非否认（抗抵赖）性、网络服务的可用性和网络运行的可控性。网络攻击拥有众多的方法，但典型的网络攻击一般都包括寻找目标、目标信息收集、弱点挖掘、模拟攻击、实战攻击、攻击痕迹清除等几个阶段。

（二）安全事件的发生过程和传播态势模型

从网络攻击的步骤、特点出发进行分析，可以得到网络安全事件发生的传播态势模型。分析得出网络安全事件的传播，一般都要经过安全事件的产生、安全事件的传播和安全事件的消除等过程。

四、网络安全问题危害分析

（一）网络安全问题给社会造成的危害

1. 给人们的网络生活带来恐慌

网络安全问题隐藏于互联网络的每一个角落，让人防不胜防。随着"后病毒时代"的到来，黑客与病毒共舞，世界各地电脑用户的数据系统和网站频频被攻陷。病毒在48小时内能传遍全球，无数人被窃取了信用卡号和密码，却毫不知情。这使人们时时担心会受到攻击或电脑被病毒感染，隐私曝光信息泄露，给人们的网络生活带来了极大的恐慌。

2. 给社会经济带来巨大损失

由于计算机本身的高精功能和互联网应用场所的重要性，

一旦被非法利用,就会威胁社会管理和社会安定造成巨大的经济损失。据国家科技图书文献中心记载,2023年1月,全球互联网遭到"蠕虫病毒"的攻击,在两个半小时内感染了全球30多万台计算机,6个多小时内北美、欧洲和亚洲的网络处于瘫痪或半瘫痪状态。受灾最严重的韩国国内甚至所有有线与无线网络服务全部停止,成为一个信息孤岛,KOSPI股指下跌3.14%。

3. 对国家安全的严重威胁

互联网作为新的独立变量,促进了世界各国的发展,但由于其本身具有一些无法克服的技术漏洞以及人为的破坏,造成互联网存在较为严重的安全隐患,威胁着整个国家的经济、政治以及军事的安全。而国家政治、经济、军事等各方面的信息化,也使得网络安全处于国家安全的重要地位。

(二) 对文化的负面影响

1. 文化入侵

伴随"殖民文化"的出现,发展中国家文化的受众正遭受着前所未有的挑战。现如今,互联网上的英语内容大约占90%,法语占5%,其他世界上的语言只占5%。美国在全球互联网业务中占据了90%的份额,无论是发起、终止还是通过。美国仍然是全球互联网管理中最重要的决策者。美国拥有10个根服务器,它们负责全球域名。这代表着许多发展中国家不得不从外部获取知识,也不得不承受来自发达国家的文化压力。

2. 不利于社会文明形式的过渡

伴随科学技术的突飞猛进,伦理道德也跟随科技的脚步在不断演变,而这种演变的结果又受到当下社会经济环境的影响,各种身份的人们都在以各种方式接受来源于其所处的经济环境的道德准则。随着互联网的普及,网络行为主体越来越倾向于追求社会公正,过分重申个人权利,这种做法严重破坏了网络秩序，甚至导致网络犯罪的出现。《头号因特网诈骗犯》是一部被美国公开披露的作品。

五、网络安全之信息内容安全

（一）信息内容安全介绍

网络信息内容安全是指保障网络上的信息内容不被滥用，包括内容的分级、过滤、智能归类等。网络内容安全通常包括反垃圾邮件、防病毒、内容过滤、网页过滤、内容监控预警信息隐私保护等功能。网络信息内容安全最初是从家庭个人计算机的"绿坝—花季护航"和国家网络安全监控系统两级管理开始发展的，发展到现在也逐渐渗透到了校园网吧、企业、小区等中小型网络。互联网上信息安全问题的产生主要有两个原因：一方面是由于在互联网发展过程中，相关的法律规范和管理措施未能同步发展；另一方面是互联网的开放性、便捷性、交互性，使得多元思想不断碰撞，从而出现了一些新奇、另类、不易理解或不符合规范的行为。

（二）信息内容安全威胁

在互联网信息共享环境中，信息内容安全同样面临着传统计算机安全面临的泄露、欺骗、破坏和篡改的威胁。这些威胁主要有以下几类：

1. 信息泄露

在互联网中存在大量公开的信息，如姓名、地址、电话号码等。这些信息容易被获取，可能会被整合甚至是滥用，例如有些公司会将这些数据整合后出售，可能会妨碍相关人员或组织的正常生活或运行。

2. 信息欺骗

由于互联网的开放性和自主性，多元的主体都可以产生并分享信息,互联网中不能保证信息的完整性,这同时也带来了许多欺骗性的威胁。例如,互联网中的地址和内容都可能被伪造。

3. 信息被非法传播

在互联网中,很多具有知识产权的音乐和电影在未取得权利主体允许的情况下被广泛传播,从而侵犯了他人的知识产权。

4. 信息被篡改

篡改信息一般有两个目的:一是为了消除信息的来源,使他人无法跟踪;另一个是为了伪造信息的内容,影响信息交流。通常,信息被篡改的同时会被植入木马等病毒,不仅会破坏所在的信息载体,还会危害到计算机软硬件系统的安全。

(三) 网络信息内容安全监测的关键技术

网络信息内容安全监测的关键技术主要包含四种技术:一是数据获取技术,二是协议分析技术,三是应用数据还原技术,四是内容分析与过滤技术。

1. 数据获取技术

数据获取技术包括网络环境下的数据获取方法和用户级数据包捕获机制。网络信息的获取有主动获取和被动获取两种,主动获取主要是通过 HTTP 获取信息;被动获取则是借助监听设备,获取信息。

2. 协议分析技术

就是充分利用互联网上协议的便利性,将获取到的网络数据进行深入分析,分析的结果与现实的技术可以自动保存。现如今,数据包分析技术基本上常用的有两种,其一是有状态分析技术,其二是无状态分析技术。

3. 应用数据还原技术

应用数据还原技术,是协议分析技术的升级,主要是针对部分数据包中应用层会话内容,可以将应用层整个会话内容清晰地还原出来。

4. 内容分析与过滤技术

内容分析与过滤技术主要是起到了文本内容分析和图像内容分析的作用,也是网络信息监测系统中最为核心的关键词匹配技术。

六、网络虚拟社会中的泄密现象

2010年,在美国一家知名网站上,出现了一份长达20万字的军方机密报告,这是美国军方的重要机密,此事件一出,引起了全球的关注,这个事件也被称为美国外交史上的"9·11"事件,也使得世界各国认识到了防范网络泄密的重要性。

随着互联网的发展,网络已经成为人们重要的信息载体,网络信息是指可以在任何网络上进行传播、复制以及存储。网络泄密是指在不经过主体知悉的情况下,以网络为渠道,将秘密进行传播。由于网络具有共享性特点,而且网络环境比较复杂,任何信息在网络上都可以进行复制、存储以及传播,使得网络泄密具有传播效率高、渠道隐蔽、频率高的特点。

网络泄密的传播效率高。网络信息的全球化给信息传播创造了有利条件,同时,也带来了一定的风险,人们会随时担心网络泄密,并且会快速扩散。

网络泄密的渠道隐蔽。网络的安全程度取决于网络攻防技术的发展,但事实上网络防御技术的发展往往落后于网络攻击技术的发展,这在一定程度上助长了网络泄密渠道的隐蔽性。

网络泄密的频率高。据统计,当前网络泄密事件已经达到了80%以上,而且一直呈现不断增长趋势,基于计算机网络共享性特点,网络共享的这一特点已经成为网络泄密的主要途径。

第四节 提高网络安全防范与处理能力

一、国家层面的监管与立法

目前,我国网络安全形势日益严峻,积极地着手研究和制定提高网络安全防范应对能力的法律刻不容缓。从目前我国网络安全立法状况来看,虽然已在积极推进,但立法的层级较低,尚未形成体系性,实际成效也远未达到预期目标。借鉴国外先进国家的经验,针对我国当前的立法现状,可以从以下几个方面来加强国家层面的监管、实施立法:

(一)加强顶层设计,以立法的形式贯彻执行网络安全国家战略

从国家层面来讲,应该加强领导能力建设,加强顶层制度设计,设立专职部门来负责网络安全领导,构建从中央到地方一贯而下——中央统一决策、各部门分工配合的领导体制,并整合工业和信息化部、国家保密局、国家新闻出版署、公安部、国务院新闻办、国家信息化领导小组和国家网络与信息安全协调小组等分散的网络安全职能部门的力量,统一服务于网络安全建设。顶层制度设计完善之后,即网络安全国家战略框架成熟之后,应当通过立法来确认和贯彻网络安全国家战略。第一,坚持依法治国,将核心战略构想以立法的形式确立下来,赋予其法律强制力,可以使这些战略构想得以贯彻落实,也有利于促进全民网络安全意识的形成;第二,为防止战略误判,避免因误解造成冲突,可以通过立法来保证我国网络安全战略公开、透明,这也有利于公众了解我国网络安全的政策举措;第三,通过促进我国关于网络空间安全规则的完善制定,引起国际上

各国的支持，来促进网络安全国际法律规范的完成。

（二）研究制定专门性法律，多层次规范相互配合完成立法规划

从20世纪90年代开始至今，虽然我国已经制定了《中华人民共和国计算机信息网络国际联网管理暂行规定》《全国人民代表大会常务委员会关于维护互联网安全的决定》《信息安全等级保护管理办法》《全国人民代表大会常务委员会关于加强网络信息保护的决定》等法规规章，但立法的层级性较低，尚未制定推出一部关于网络安全的综合性立法。一部专门性法律的制定需要各部门多层次的相互规范，广泛调研，在研究现有问题的基础上，将实际需求转化成需要立法来解决的问题。然后，将这些问题与现有的法律问题放在一起讨论，判断与既有的部门法、专门法之间的关系，进而合理地分配立法资源，将不同的法律问题纳入不同层级和不同类别的立法之中予以解决。立法规划进行中，在整合修改既有法律的基础上，应该适时制定有关网络信息安全的专门性、综合性立法，多层次地制定规范，相互配合完成专门立法。

（三）在确保网络安全信息共享的前提下，制定专门法律

确保网络安全信息共享，应该通过立法来激励关键基础设施的运营者自愿分享有关安全威胁的信息，坚持实行网络安全等级保护制度，对关系人民生活的重要信息系统，尤其是涉及国家安全、社会稳定和经济命脉的信息系统，以及维持国民生活需要的"三网"（电信网、广播电视网、互联网）等基础信息系统，则必须加强国家层面的涉密立法来保障信息技术服务的信息安全。同时，对于这些信息中可能隐含的个人隐私和商业秘密，也要保证其不违背《中华人民共和国政府信息公开条例》中对披露义务和保证权利方面的限制，以平衡和维护国家

网络安全和隐私保护之间的利益关系。最后,在对信息的共享方面,也要严格实行分级授权的方式,根据涉密信息的重要性制定信息共享分级制度,针对不同的人群进行分级传播。

二、群体观念层面的高度重视

维护网络社会安全稳定,首先要保证网络使用群体的安定,提高网络使用者的群体观念,缓解网络群体的紧张情绪;注重心理引导,提高社会个体的心理承受能力,始终在群体观念层面给予高度重视,主要从以下方面入手:

(一)从舆论传播入手,缓解网络群体紧张情绪

利用网络媒体进行线上传播,因其传播的广泛性和迅速性可以同时将大量的信息快速传递给庞大的网络受众,也正是这个原因。我们一定要对网络信息进行良好的"把关",假若因为没有对网络信息进行"过滤",导致虚假不实的信息大面积在线上得到扩散,势必会引起网络受众的紧张情绪。再加上政府或者权威机构,由于各种原因不能及时将准确的信息传达出去,人们就会更加相信这些传言,最后演变成"谣言成真"的局面,使紧张的情绪在网络受众中恣意扩散。因此,作为网络管理者的网络编辑,必须保证所传播的信息是真实客观有效的,从而帮助公民树立传播信任机制。同时,也要从人民的立场出发,要求政府必须坚持以民为本,取信于民。"信任传播"所呈现的并不仅仅是一种心态,更是特定人群在经历了各种突发性事件和灾难之后所沉淀出的深沉反思,它在形成具有正能量的社会舆论的过程中发挥着至关重要的作用。

(二)报道"全面"才有"正面"效果

突发性事件具有不可预知性和紧急性的特点,会因为报道不全面而导致公众对事情真相认识偏颇,从而在群体之间产生

某种不良情绪,当这种或愤怒或焦躁的情绪在群体之间不停发酵,可能会导致社会秩序不稳定。其实,这种突发的群体性事件在以往也有很多极端的例子,比如"抢盐风波""宁波 PX 事件"等,这些事件大都跟以往的宣传政策有关。出现了危机事件之后,官方并没有把相关情况告知公众,而是采取传统的压制信息、尽量不报道所谓"负面"新闻的方式,才使不明真相的公众情绪更加激动,事情随之走向极端。因此。作为传播者,我们要保证所传递的信息不仅直观,还要全面,公众对事情的判断都有自己的标准,如果单单传递我们所认为"积极、正面"的事件,而对那些"消极、负面"的消息进行压制,实际上并不能让公众全面深刻地了解事情脉络,也很难形成正确的判断。按照传播规律和心理规律办事,就应积极使用各类媒体,避免群体性事件的发生。尽管版面看似"不好看",却有效地承担了及时发现社会问题和社会"减压阀"的作用。

(三)从"动之以情"到"晓之以情"

移动互联网传递的快捷性和获取信息的便利性,使得很多情况下,我们只是作为信息的传递者,而忽视了对群体心理需求的关注。群体心理情绪作为群体心理要求的重要部分,是人类在进化过程中作为优秀基因代代传递下来的,这种基因因其具有潜移默化地影响我们的作用,从而促使我们做出有利的、合理的反应,来确保心情的舒畅。同样,引导社会舆论,促进社会安定和谐,要注意打"心理战",注重对受众心理需求的安慰。首先,要加强政府文化亲和力形象的塑造,满足大众对文化的需求,但不能一味去迎合网民对"逸闻趣事"的好奇心,而是要促使其向"良性健康"发展;其次,传媒组织在组织策划内容时,要注意变"动之以情"为"晓之以情",避免直接宣扬某种观点和做法,而是通过一些情境的设置让大众自己去

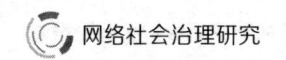

体悟、感受。

三、科学技术层面的强力支持

为保证我国网络常态环境健康有序发展，我国也在科学技术层面进行了强有力的部署，主要在防火墙技术、数据加密技术、访问控制技术、入侵检测技术（IDS）、审计跟踪技术、病毒防范技术、扫描评估技术、备份恢复技术八种技术层面来提供强力支持，具体如下。

（一）防火墙技术

防火墙技术作为重要的科技手段，又称入侵防护系统，其核心思想是在不安全网络环境中构建出一个相对安全的子网环境。其基本原理是设置安全策略控制（允许、拒绝、检测）出入网络的数据包，它可以实现的安全功能是：限制未经授权的用户进入内部网络，过滤掉不安全的数据包；防止非法用户接近本系统的防御设施；限制内部网络用户访问特殊站点；为监视网络安全提供方便。

（二）数据加密技术

数据加密技术类似于密码学，其不仅仅局限于对各种数据的加密处理，同时也意味着通过复杂的加密和密钥管理可以将所有的信息安全保存起来。

（三）访问控制技术

该技术主要是通过访问控制的方法，将不符合系统规定的非授权的用户限制在外，从而达到实时控制，即通过控制，来确保网络资源不被非法使用，从而维护网络系统安全。

（四）入侵检测技术（IDS）

该技术主要是根据实际情况，建立动态的网络资源库，收集各类网络安全威胁指标，并根据实际问题实时更新检测库，保证网络资源安全。

（五）审计跟踪技术

该技术主要是借助各种技术系统，如操作系统、数据库管理系统、网络管理系统等对各种信息系统的使用情况进行统计，并建立工作日志，以便实时监控、报警或进行事后分析、统计、报告，通过事后查询来保证系统安全的技术手段。

（六）病毒防范技术

该技术能够利用一些专门的杀毒软件或者创建网络杀毒服务器，主动更新到最新版本，并且可以管控网络中一切能安装这种杀毒软件的终端，对病毒进行强行清除，杀掉埋藏在系统中的病毒，从而提升网络中客户端以及服务器对于病毒的抵御能力。

（七）扫描评估技术

扫描评估技术属于一种能够主动检测的科学手段，它的功能主要是防护，还是对安全技术系统的一种巩固，也被称为漏洞评估，它属于一种通过模拟黑客攻击的方式来对有可能存在于目标系统之中的安全漏洞逐一排查的科学手段。利用不同的扫描工具，对目标群体实施检测，然后按照扫描检测的最终结果给出分析报告，并且指明相关问题，给出相应的补救办法及措施，帮助网络安全的总体水平获得很好的提升。

（八）备份恢复技术

备份恢复技术也被叫作灾难恢复技术，或者是业务连续性技术，指的是在遭遇自然危害或者一些人为因素导致的意外状况时，能够重新对关键的计算机信息系统主动实施保护的科学手段。

四、伦理道德层面的积极促进

在整个网络空间中，很多后果严重的网络安全事件的导火索都是参与人员的网络伦理道德素质不高,并未形成一个较为系统的网络道德观念,因此要想实现保护网络社会安全、维护网络社会安定的目标,首先要做的就是让人民大众能够具备健康的伦理道德观念。

(一) 强化社会舆论的道德评价

社会舆论指的是在社会中占据着特殊地位的主要群体针对某些对象给出的带有倾向性的言论,它认同特定道德原则所给出的相关标准,不认同违背特定道德原则的行为以及品格方面的惩恶扬善、激扬清浊。但是道德评价指的则是人们在参与社会道德活动时,利用传统习俗、社会舆论以及个人思想理念,根据特定的道德准则,针对社会成员的一些行为实施的关于善恶的评判,进而能够起到正确引导社会成员行为的作用。

社会舆论作为强有力的进行道德评价的方法,在网络道德伦理构建方面主要是通过道德舆论的善恶论去评价。为了推动社会关系的健康发展,进而促使人们自觉地去追求高尚的道德目标,就必须完善网络道德理论,运用社会舆论的道德评价,将外在的道德规范内化为自我道德意识和道德行为,从而帮助他们形成道德良知。为此,我们应努力做到以下两点:第一,在社会上树立正反两方面的典型。利用现代化的传播手段,以现有的道德规范为评价依据,对社会上的道德行为进行褒贬的评价,积极宣传好的道德典型,努力弘扬善行的崇高价值。第二,利用道德评价的他律作用,以道德评价为中介,促使人们选择社会所期望的行为,确保道德功能在大众行为中得以实现。

(二) 加强网络伦理道德研究

作为一项全新的社会系统工程,加强网络伦理道德研究是建设健康安定的网络环境的一项重要任务,其研究必然迫切需要科学理论的指导。因此,要着手研究和制定一个理论体系,用以解释、分析和探讨网络道德问题，并根据分析的结果提出切实可行的解决方案，用来指导客观实践。当然，一个理论体系的建立并不是一蹴而就的，必须充分调动人员的主观能动性，将出现的道德问题与当时所处的社会环境、社会需求等因素紧密结合起来，才能不断提高研究水平，制定科学合理的理论体系。

（三）加强网络道德规范的建设

网络道德规范的建设是一项复杂的系统工程，不是单个人员、单个部门就能完成的，其建设需要各个方面共同努力。建设的初期，因为各种软硬件条件的限制，事先制定的规则制度不可能将所有的不规范行为囊括。但随着网络技术的普及与应用，网络的问题越来越凸显，继续任由网络不规范行为泛滥，势必会影响网络环境的安定，因此必须不断根据实际情况，实时地完善网络道德规范和制度建设，用来管理和引导人们的网络行为。一般而言，许多行业协会、网络管理者、群众性团体组织等也都有其内部制定的规范，但这种规范大都不具有强制性或机构跨越性。因此，采取积极措施，建立起全面有效的网络道德规范势在必行。

（四）加强对网络道德主体的教育

加强对网络主体的网络道德建设，一个有效的方法是要让包括道德规范在内的各种外在力量内化为网络主体的自觉力量。现阶段，网络主体主要是青少年，而此类人群与网络道德问题也是联系最密切的群体。青少年因其年龄和阅历情况，其自身具有很强的可塑性，采取教育的方法，将自觉维护网络安全内化为其自觉遵守的行为准则，可以达到良好的效果。因此，当前加强青少年网络道德教育显得尤为重要。例如，加强以中国传统文化"慎独"为特征的自律教育；加强对网络主体尤其是青少年的网络道德教育和培养。

五、媒介信息素养的有力提升

所谓"媒介信息素养",即对媒介信息的选择、判断、解读、批判的能力,创造和传播信息的知识和技巧,利用媒介资源实现自我完善和自我发展的能力。在纷繁复杂的网络世界,保证和维护网络安全,实现网络环境的健康发展,必须不断提升公众的媒介信息素养,具体主要包括:

(一)充分发挥信息化教育的优势,提高我国网络文化建设质量

利用互联网进行信息传递的方式多样,如何利用好这个平台以达到良好传播教育思想与教育知识的目的,是网络管理者需要考虑的事情。作为重要的宣传阵地和传播媒介,管理者可以在互联网上设置专门的网络教育板块和相关的法律法规教育专栏,让网络使用者自主进行学习,并开辟一定的公共空间鼓励使用者在其中自由讨论,从而增强他们对网络文化安全的认识。当然,自由讨论并不是在空间内随意发言,也要适当对公众的言论进行辨别,并加以适当引导;也可以开发一些公众喜欢的形式如动漫、视频、图片等来宣传网络文化安全知识,让公众可以在自由轻松的环境中提高媒介信息素养。

(二)宣传网络文化安全知识,提高相关的信息素养

宣传网络文化安全知识,提升公众的信息素养,可采取的方式就是举办各种网络文化安全宣传活动。以一个社区为例,为了让社区居民更好地了解网络文化知识,可以定期或者不定期在社区范围内组织有关网络文化安全知识的讲座,也可以组织居民进行有关法律知识的大讨论;关于政府部门,在提升公众能力时,也可以举办相关的学术研讨活动,或在所辖范围内

举行网络文明活动周等,从而让市民在活动中逐步意识到网络文化安全的重要性,培养其自律精神和态度,进而在网络环境中自觉规范上网行为,增强网络信息意识、网络道德意识,提高信息素养。

(三) 制定完善的媒介信息素养能力评价体系

目前,我国对于媒介信息素养的培养并没有制定相关的信息素养能力标准和评价指标体系,对于媒介信息素养培养的目标也尚未明确。因此,制定完善的媒介信息素养能力评价体系,可以对全体公众媒介信息素养能力的培养起到一定的指导作用,使得素养能力的教育有章可循。尤其迫切的是,完善与信息使用有关的经济、法律和社会问题等方面的信息素养能力评价体系。

(四) 完善相关的法律法规政策

目前,关于规范网络环境的法律法规还不是十分完善,还有许多漏洞让不法分子有机可乘。比如,对于目前市场出现的许多流氓软件以及弱化公众道德的网络游戏,并没有很明确的规定,这也是现在市场不断出现这类问题的重要原因。完善相关的法律法规,并积极向公众普及关于网络文化安全的法律知识,充分发挥法治教育的功能,这样才可以更好地维护网络文化安全。

六、媒体层面的科学把关

新媒体环境下,虽然"人人都有麦克风""人人都是传播者",但是作为信息"把关人"的媒体或网络编辑依然要继续发挥"信息过滤"的功能,对网络上出现的各种信息进行科学地把关,保证网络环境的安全和谐。主要是做好以下工作:

(一) 通过提高网络编辑业务能力对网络传播进行把关

网络编辑在互联网平台上,主要职能是对新闻信息进行收集整理和优化，以使这些内容达到可以传播的标准，简言之就是新闻信息的"把关人"——网络编辑，利用网络互动性的特点，将信息发布出去传达给受众，同时利用网络接收群众的反馈，以保证传播可以达到良好的效果。通过提高网络编辑的业务能力，发挥其控制网络信息流向与流量的能力，不仅可以有效地避免冗余信息的介入，自然也可以排除一些"不健康"的言论，从而很好地控制网络空间内的信息平衡，以保证其可以利用互联网这一技术平台的优势，为受众提供真实、快速、全面、准确的信息。

（二）通过强化媒体社会责任对网络传播进行把关

作为信息的传播者，网络媒体也必然要不断加强自身职业道德建设，通过自律来确保在市场环境下可以保持中立。网络媒体因其独特性，强化对自身社会责任的认知，并不断随着社会形势而变化，去适应新时代的要求。政府的规定与立法约束因其普适性，不能全面包括网络环境下出现的新问题，因此，网络媒体自律的弹性作用就更加有效了。在网络环境下，更应该树立正确的"新闻价值观"，防止新闻报道异化，必须把"新闻价值"而不是个人情感视为新闻采集和制作的首要标准。

（三）通过强化网民社会道德对网络传播进行把关

如上文所述，法律和传统道德的普遍适应性难以囊括网络环境监督的所有方面，技术也因其能力有限而难以很好地把控网络环境，但无论网络环境是多么隐匿和虚拟，利用网络进行交流的始终是现实社会中真实的个人，帮助个人建立起新型网络环境下的道德观念就显得十分有效和必要。加强网络社会的伦理建设，可以在维护网络空间秩序时引入传统道德的优秀成果和富有成效的运行机制，并在此基础上加以协调发展，从而形成"网络社会"中更高水平的新型道德，那么就可以有效地减少网络环境中的不安稳因素。

第五节 建立网络社会安全治理长效机制

一、网络安全中管理防御体系

网络管理防御技术就是监督、组织和控制网络通信服务以及信息处理所必需的各种技术手段和措施的总称。其总体目标是确保计算机网络可以正常地持续运行，如遇网络出现异常，可以在计算机网络运行中及时响应并排除故障。

网络管理防御系统是管理和控制计算机网络最具有效率和最可靠的系统。其主要的网络功能就是进行远程配置、监控和修改，即直接为用户需求提供支持。防御系统的主要运作过程包括数据的收集、处理和分析等，在其运行过程中，也要配置各种网络系统，监控各种网络设备。

网络管理防御系统对于网络资源的最优化、监控和有效利用是至关重要的。目前，网络管理系统一般采用简单的管理协议来进行，主要是对交换机或路由器进行诸如故障管理、配置管理、计费管理、性能管理和安全管理等方面的工作。

其一，故障管理就是在网络运行的过程中对出现的故障进行检测、诊断，并及时对网络进行恢复修复，以保证网络的连续、可靠服务。

其二，性能管理是在以保证使用最少的网络资源、最小延迟的前提下，对网络性能进行收集、分析和调整，以保证网络的连续、可靠的通信能力。

其三，配置管理是希望通过改变和协调网络设置的配置，监控网络环境和状态，从而保证网络的有效、可靠运行。

其四，计费管理主要是根据计费标准统计出网络使用的费用，并分析和预测网络的业务量，以便保证网络资源和信息资源的合理分配。

其五，安全管理是对网络资源的访问提供保护，包括授权机制、存取控制、加密、密钥管理以及有关安全访问日志的维护。

随着全球网络开放和调和，人们之间的共享、联系以及数据分析逐渐增多，网络安全的问题也逐渐突出，这对网络安全中的安全性问题提出更高的要求。提升网络管理要对各种网络设备进行控制以及采集安全信息，也要对网络内部管理，让它们能够互相支持，密切协调，使其发挥应有的效用，甚至是超过原来的网络安全设置。整体网络安全的解决方案中心就是统一网络安全化管理，即通过对网络系统进行调控、配置，实现对各种网络安全资源的集中管制、监控、统一管理策划、审计和多种安全板块之间的互动与联系，让网络安全的工作由繁至简，更有效率。

二、网络安全中技术支撑策略

维护网络社会的安全离不开技术层面的支撑，在维护网络安全方面最重要的技术支撑主要是利用网络安全的监测功能，通过对不安全信息或软件的监测过滤，保证网络社会安全。在实际生活中，网络安全监测功能中的处理功能往往被检测功能触发，而监测功能主要包括：

（一）安全追踪功能

这个功能首先要被网络的安全事件监察功能和陷阱功能激活，然后通过实时的监测来确保网络受到攻击时，能对攻击网络者进行定位追踪。

第五章 网络社会安全的维护和调控策略

(二) 安全事件分析功能

这个功能是被网络的事件记录功能触发的,然后与该功能进行有机联合。通过对网络日志的分析获得所需信息。当然,需要注意的是,不同的事件记录方式会导致不同的事件分析方式。

(三) 安全事件报警功能

这个就是工作者发现安全事件后,向管理员报告详情,并交由管理员去进行具体处理。这也是安全事件处理最直接、最简单的功能之一。

(四) 安全状态配置功能

这类安全功能对系统进行自动配置,其目的是将系统的安全状态维持在某一设想的水平。这种功能并不需要被其他功能所触发,可以使用的手段有:修改配置文件、修改权限(例如 Axent 的 Enterprise Security Manager)等。

(五) 安全状态修复功能

这个功能就是在系统的安全状态不能很好地满足功能需求时,对网络的安全配置进行自动修改。这种功能是对安全事件最大程度的处理方式。

三、网络安全中的评估体系

在市场经济不断变化、网络信息不断发展的背景下,网络安全成为人们越来越关注的问题,尤其是当前网络信息越来越普遍化,所产生的安全影响因素也越来越多。并且,当前也没有一个完整的、系统的网络安全评估体系,无法对信息系统安全进行一个全面的评价,在如此形势下,迫切需要一个完善的网络安全评估体系。因此,制定一个符合规则与标准的网络安全评估体系,显得尤为重要。制定一个完善的网络安全评估体系，要秉承科学性与可行性原则，遵循稳定性与全面性原则，充分考虑到网络信息安全各个方面的因素，最终完成一个相对完善的安全评价指标体系。网络信息安全的因素包含以下这几种：

一是实体安全因素。实体安全因素主要有三个方面，其一，设备安全；其二，媒体安全；其三，环境安全。

二是运行安全因素。运行安全因素主要有三个方面，其一，风险分析；其二，访问控制措施；其三，审计跟踪措施；其四，应急技术。

三是信息实体安全因素。信息安全因素主要有三个方面，其一，信息传输安全；其二，数据完整性；其三，数据加密。

四是系统安全策略因素。系统安全策略因素主要有五个方面，其一，操作系统数据库访问控制措施；其二，应用软件防破坏措施；其三，数据库系统状态监控设施；其四，用户身份鉴别；其五，数据异地备份。

五是安全技术措施因素。安全技术措施因素主要有五个方面，其一，防病毒措施；其二，全审计功能；其三，系统操作日志；其四，服务器备份；其五，防黑客措施。

六是安全制度因素。安全制度因素主角要有三个方面，其一，组织机制；其二，规章制度；其三，事故处理预案。

四、网络安全事件动态监测预警与应急处理

为了掌握网络安全事件的动态信息，需要建立快捷高速的网络安全事件动态监测预警系统，以便高效地预警网络信息安全威胁，并充分发挥其教育威慑的作用。根据监测网络安全信息的内容和性质可以分为两大类：

（一）广播式预警

该类预警主要是利用大众传播平台如网络、论坛等来定期

和持续向公众通报网络安全信息的形式，普及关于网络安全的知识，并帮助群众掌握相应的防范技巧，提高其安全意识，同时，结合自媒体平台如手机、平板电脑、微博、微信等方式，扩大向群众宣传预警的途径和方式。

（二）定向式预警

预警宣传的内容应该具有普遍性，应该向公众明确各种安全隐患和各种具体内容，解释其可能的危害并阐述处置方法。针对具有特定指向和具体条件的安全隐患和事件预警信息，可以采取特定通知等定向式传播方式。以便运营单位更好地指导广大网民做好防范工作，最大限度地发挥预警机制积极作用。

这两种预警方式都是为了更好地了解网络安全事件的动态信息，以便及时迅速地对该类事件进行应急处理。随着互联网经济的飞速发展，对待网络安全问题也应该要时常更新观念，以往靠修补堵洞的被动措施已不能从根本上解决问题。毋庸置疑，解决网络安全问题，必须未雨绸缪，争取主动，提前制定应急处理方案，坚持技术与管理并举发展，并以管理为重。

以往都是把重心放在安全技术上，着重研究网络安全漏洞问题，但是往往不能解决根本问题，应当把网络与信息安全当成一个整体，从这个整体的方方面面考虑与研究，将这个网络整体各项基础构件与整体要求有效结合，形成一个完整的解决方案，在解决信息网络安全技术问题的过程中，还要充分意识到网络自身具有的开放性特点，要随时注意隐藏性或是突发性的信息网络安全技术问题。

因此，解决信息网络安全仅仅依靠技术是不够的，还要靠强有力的管理。而健全有效的管理正是目前我们所缺少的，为根治这个顽疾，管理层必须采取以技术结合管理、法治、政策、教育等手段，以综合性的网络安全防范体系和网络安全应急处理机制,来对付安全事件,将信息网络风险降至最低程度。同时,现在严峻的形势也需要管理者进一步制定政策法规,提高网络安全的管理水平,加强信息网络安全管理力度,扩大网络安全教育的范围。

第六章 网络社会下的舆情治理

第一节 网络舆情概述

一、网络舆情概念和特征

(一) 舆情和舆论

舆情是"舆论情况"的简称,是我国特有的一个概念,舆论一词在我国历史悠久,最早的记录是在西晋时期,就已经出现舆情一词,可见舆情在我国具有深厚的历史底蕴。对于舆情的准确定义,目前有较多版本,比较常用的是由天津社科院舆情研究所提出的——舆情是各类社会群体组成的公众,在特定的社会空间范围内对自身比较关心、比较感兴趣或与自身利益有关的特定公共事务的多种意见、情绪、态度、声音等的合集。对于舆论,则定义颇多,诸如:舆论是公众的群体意见,是社会整体意识、意见的集合,多数人的意见。一部分人认为舆论是态度,代表人物是政治专栏作家李普曼,其在经典著作《舆论学》中指出,舆论是关于自己、关于他人、关于公共需求目的、人际关系的影像,这类对于公共群体或者声称代表公共群体产生影响的态度就是论,可见舆论代表着对于事件的态度;还有一类人认为,舆论是态度、观点、情绪的合集,舆论是公众群体对于社会议题社会事件、人类问题的态度、观点、情绪的集合。舆论具有整体性、鲜明性、强烈性和持久性，会对社会发展以及热点事件产生一定的影响。[1]

关于舆情和舆论不同点的论述多认为：与舆论比较，舆情具有不完全公开性，舆情是公众所思所想所议所感，并不一定会是全部公开的或是通过公共渠道在公共场合公开表达的，而舆论则多指公开表达的公众意见；舆情多指来自社会的民众态度、民众心声，而舆论的范围更广，既包括对于国家政治的看法，也包括对于各类事件的态度等；舆情是舆论的早期阶段，在特定的条件下会向舆论转化；对于二者研究的集中领域不同，舆情研究较多地关注公众的心理态势，社会特征舆论研究更多地关注舆情传播过程和演变规律等。

（二）网络舆情

网络舆情是舆情的一种，包含于舆情范围之内，是舆情在现实社会之外的网络世界的延伸和扩展。网络舆情是指在互联网上发生的对社会议题的态度、观点、认知等网络舆论，是除了现代社会以外，舆论的另一种体现方式，具体表现为以网络为载体，通过互联网向社会大众真实地传播，当前影响力比较强的焦点事件与热门议题中，所表达的非常具有倾向性的观点，简单来说，就是以事件为中心，传播社会大众的观点与后续的影响力。也有学者认为网络舆情是除了政府外的网络活动参与者——个人、群体、组织经由网络平台在网络空间内发布和传播的对于社会议题的含有态度、情绪、意愿、倾向的观点性信息。可见网络舆情不仅包括网民群体对于社会公众议题的态度，还包括诸如媒体等社会组织经由网络平台发布的内容所代表的对于社会议题的态度，包括传统媒体在网络等新媒体上公开发

---

[1] 参见张化冰：《中国互联网治理的困局与逻辑重构》，载《学术研究》2017年第12期。

表的观点性内容,以及各种类型的网民发表的各种形式等带有态度的信息都属于网络舆情的范围。

(三) 网络舆情的特征

鉴于网络社会、风险社会的复杂性,网络舆情也呈现较为多样而复杂的特征。有学者认为网络舆情具有自由性与可控性的特征,也有的学者则阐述了不同观点。针对网络舆情,本书将详细阐述以下几个方面的特征:

1. 传播的迅速性引发应对的紧迫性

由于网络打破了时间和空间的限制,即时性成为网络媒体的特点之一,这也是网络媒体之于传统媒体具有的绝对优势。网络媒体对新闻事件的报道相比传统媒介新闻报道,速度更快,范围更广,能够在短时间内引起受众人群的共鸣。事件一旦被报道,就会有相关网络舆情出现,这些新闻借助于互联网的传播速度,很快就会变得众人皆知,所以对待网络舆情要认识到其迅速性和紧迫性的特点。由于这种特点,对信息封锁已经变得越来越不可能。

但是,在有些情况下,快速未必会带来最好的效果,"抢新闻"甚至会产生严重的负面效应。如果第一时间发布的并非正确的信息,舆情发生后,应该迅速处理与应对,以免造成更大的损害。舆情事件发生之后,积极利用新闻媒体表达态度,与公众进行积极的沟通,是有关部门最基本的舆论应对原则。如果回避事件,不仅会失去在媒体上为自己解释的机会,也会进一步刺激事态的发展。

2. 传播的交互性放大舆论的影响力

一直以来,传统媒体如电视、广播、报纸,通常被认为是一种单向交流的渠道,即从发送者到接受者的单向流动。而随着互联网的出现、网络技术的发展,人们可以通过网络论坛、聊天室、MSN、QQ等即时通信工具参与信息传播、新闻评论、讨论专题等网络活动。在这种情况下，网络"交互性"这一传播学概念也出现在公众视野，由传统媒介垄断的单向交流方式受到严重冲击。网络媒体新闻传播是媒体与受众、受众与受众之间的多向性、互动性传播。它形成的舆情也必然具有此种特点。

互联网上，人们对于同一事件会基于不同的立场得出不同的结论，网民之间的交流以及观点的碰撞，会反映出世界的多元化和公众的真实想法，讨论得越广泛和深入，网络舆情就越能得到充分的体现。网络舆情的交互性还体现在政府与网民的互动之中，时下很多政府部门负责人越来越重视与网民的互动，因为在互联网上更能接触到网民的真实想法，能够在更大的限度内接近事实的真相。

传播的交互性所形成的病毒式的方式，也导致"意见领袖"在舆论传播过程中的作用越来越大。互联网的隐匿性导致现实生活中的"权威"所形成的影响力被削减，反而一些在传统的"主流媒体"中没有机会表达观点的人，在互联网上能获得很多粉丝，他们的观点甚至能够左右互联网舆论的走向。这类人被称作网络上的"意见领袖"，也叫作"网络大V"。根据人民网舆情检测室发布的《2013年中国互联网舆情分析报告》，粉丝大于10万的微博用户被称为"大V"，新浪微博、腾讯微博中，拥有10万以上粉丝的用户超过1.9万个，拥有100万以上的超过3300个，1000万以上的超过200个。

"网络大V"群体，一般由以下几类人员构成。第一类是一批具有知名度和责任感，经常在网上发帖议论时事的作家、学者以及各方面的专家。这些人看待问题的观点犀利，本身就拥有一大批粉丝，在网络之中他们的能量被进一步放大。第二类是媒体从业人员。这一群体本身就具有极强的舆论表达技巧，也知道社会的热点和痛点所在，加之这一群体往往能够获得最为前沿的消息，能够在互联网平台上及时发布信息，所以，他们往往能够拥有大量的粉丝，并形成强大的舆论影响力。第三类是一些律师以及公益机构的代表。律师有着对于某些事件的专业观点、看法和认识，他们的观点在嘈杂的网络世界中可能会显得更加理性、更加能够让人们透过现象直达本质。同时，他们会在网络上公开表达对一些案件的看法，公开支援某些行为，为弱者提供公益性质的帮助。律师们的专业性和正义感让他们拥有了很多的粉丝，成为"意见领袖"。第四类是一些明星企业家。这些人在国内不仅仅是以企业家的身份出现，还带有青年导师的意味，他们在网络上发表的一些观点能够给青年人以激励和知识。此外，一些"草根"人物也因为某些事件在网络上成为"意见领袖"，拥有巨大的粉丝数量。他们也热衷于在网络上对事件发表观点、引领风潮，这些人也是值得关注的一个群体。

与此同时，每座城市都有自己城市的"意见领袖"，特别是在地方性的网站上，他们也起到了很大的作用。比如在青岛市，青岛新闻网和半岛网的博客、论坛、微博等领域中都存在着一些这样的群体，这群人不仅向网友传达各种信息，还对于当地事件发表观点和意见。虽然较之全国性的网站，他们的粉丝数量不是那么多，但是他们在地方论坛或者地方微博上的影响力是不容忽视的。

3. 内容的片面性与多元性并存

首先，隐匿性是互联网的特点之一，这也造成了出于各种目的以及主客观的原因，让互联网的信息不会像传统媒体那样准确。每个人有不同的好恶，有不同的观点和看法，甚至有些网上发言是带有情绪化和煽动性的,这就造成了对同一个事件的不同描述和看法。言论的片面性会误导网民,使事情朝着有害的方向发展。

其次,互联网的信息是海量的,这也导致其不可能像传统媒体那样进行严格的审核,所以互联网上发布的信息必定有所偏差。互联网媒体上的大量新闻,是不可能被完全审核的,有些论坛微博更是难以检测和控制,这也给错误的言论以存在的空间。同时,互联网新闻作为一种新型的媒体形式,经过短暂的时间迅速地成长起来,在这么短的时间内不可能如传统媒体那样形成规范有效的采、编、审、发机制。传统媒体的舆情片面性会少一些,就在于其行之有效的管理机制和多年的经验。"围观"与经济相联系的"直播",现在已经成了一种新的经济形态。热点新闻事件人物直播带货,草根网红打卡四方,主播们的流量生意风生水起,热热闹闹。直播本身没错,但是,任何行为都要辩证地看。如果"围观"仅仅追求"流量"特别是"现金流",那么这种直播就朝着负面的方向发展。例如,山东"大衣哥"村里一直无比的热闹,有"主播"为了跟他合影,各种闹剧频频出现,致使"大衣哥"的正常生活也受到了巨大的影响。再如奥运冠军全红婵。全红婵的故事,对于很多"直播人"来说,又成了一个新的题材和热点,什么"年龄最小""水花消失术"一系列的标签贴到了她的身上。于是,她家里又成了新的打卡地。巨大的流量似乎意味着巨大的利益,"主播""网红"一边直播一边带货,严重影响了全红婵家人的正常生活。据媒体报道,一天至少有2000多人去她家打卡,有人甚至在下雨的夜晚还冒雨直播,大声吆喝……面对这种状况,流量平台应当监管,对此类视频不推荐不展示,直接下架。但是,只靠平台的监管是远远不够的,面对海量的视频数据,直播平台能管得过来吗？因此，要多管齐下，从源头抓起，从个人自身做起。只有每个人都对网络环境进行维护，才会使得正常的"围观""直播"朝着健康的方向发展。否则，可能只会毁掉"直播"这个行业。

最后，网络舆情具有多元性。因为记者价值取向、个人认知等的不同，导致新闻媒体难以完整、真实地反映客观世界，实现完全的中立。在新媒体的环境中更是如此，由于网络是自由的，网民有权利发布个人观点以及对社会的意见、建议，这就造成了网民发帖的随意性。网络舆情涉及的主题范围极为广泛，话题也极其随意，没有人能预测到下一轮的网络热点。从目前的网络舆情主体来看，不同的人发帖有着不同的需求，因为网民上网的目的各不相同，关注的热点也各不相同。所发布的内容也会涉及各个方面，现在网上舆情已经涉及国家的政治、经济、生活、文化等各个方面，无一遗漏。同时，因为每个人价值观的不同，也造成了舆论的多元性。比如，"躺平"作为网络热词走红于互联网空间。"躺平"来源于一篇《躺平即正义》的文章，被认为是对生活充满无意义和无价值的失落感，从而放弃奋斗的一种人生选择。虽然"躺平"论调称要主动"走向边缘"，依靠"低欲望"来"对抗内卷""996"。但究其本质，这一论调的本质是不想承担社会责任的消极人生态度。网络虽然是虚拟社会，但是也会引发现实反应，百度指数显示，"躺平"在互联网平台的走势在5月份特别是自2021年5月23日开始，呈现出明显高速增长的态势。在微博平台，与"躺平"有关的帖子达10 115 958条，而这些帖子的内容大多呈现出消极的人生状态。

4. "首因效应"要求应对得及时准确

网络舆情的扩散性特征是由"首因效应"也就是我们常说

的"第一印象"所形成的。日常生活中,我们会对第一次接触的事物有深刻的认识,并形成思维定式,以后尽管有了各种说法,但很自然地都会想到第一印象。

突发事件在产生之初更是如此。如果突发事件发生后没有及时发布权威消息,就会流言四起,那么,结果很自然是网民第一次看到什么就会相信什么,并且事件的传播也会按照最初的观点迅速地传播出去。

西方国家的公关专家通过研究制定了危机传播的反应时间。他们指出,现代媒体传播的速度迫使公关负责人必须在60分钟之内掌握整体情况,因为电子媒介的播音员通常要在几分钟之内播出消息,而这个最初的报道往往会定下之后报道与评论的基调,造成公众的定式思维。作为事件起因的第一篇报道或者第一时间的陈述对于公众的影响是决定性的,最初印象对于后面获得的信息的解释有着明显的定向作用。有了这个第一印象和第一观点,一个人即使后来又得到了新的资讯,推翻了此前的观点,也可能不再对此发表反驳性的意见,因为这个时候大家都在按照此前的既定观点发表各种见解。一个人如果在人群里发现自己的观点与众不同,可能就会选择沉默,那么,错误的观点就会得到越来越多的传播。

互联网上更是如此,一个正确的观点很可能会被淹没在网友口水形成的汪洋大海里,越是辩解可能越会受到更多的责难,特别是当网络上"意见领袖"们的观点受到网民一片追捧的时候,想发表不同观点的人可能就会更沉默。因此,很多人就会觉得反正事不关己,还是不要争论的好。于是,在这种情况下,谎言和谣言就会得到进一步的传播。

二、网络舆情构成要素及类别

网络舆情作为舆情的一个子集和特殊存在,其主要构成要素包括：事件主体（当事人、网民、哄客、"意见领袖"、权威部门）；网络热点事件（公共事务、引爆事件等）；网络舆情的时空因素（网络时空和现实时空）；舆论要素（情绪、意愿、态度和意见）；网络舆情的强度；网络舆情的质量。[1]

网络舆情的事件主体主要包括网络热点事件的当事人、知情者、网民群体、哄客、"意见领袖"、权威机构等，民众是网络舆论的主体，网络舆情往往体现民众利益、诉求等，而民众又可以按照社会阶层、生活群体角色分工等进行划分。当事人往往在网络热点事件中处于中心地位（多半是聚光灯下的被"审判"对象），靶心位置，主要特征是少数、势单力薄、一举一动都会被放大，往往是网络舆论暴力的受害者；知情者是网络热点事件中的外围次重要人物，与网络热点事件没有直接的关系，但间接地了解和参与事件中，这类人往往充当爆料人或者是"意见领袖"的角色；网民群体是网络舆论中的主体，其主体地位主要体现在网络舆情中，而当事人的中心地位则是网络热点事件本身。哄客是网民群体中的一类人，这类人喜好围观，对网络热点事件常常抱有戏谑嘲弄和凑热闹的心态，往往是群体极化和网络暴力的直接推手和施暴者。"意见领袖"可大致分为两类，一类是哄客群体中的中坚力量，扮演着"哄客领袖"的地位，引导哄客群体的舆论走向；另一类是权威专家等代表着理性的"意见领袖"，多为核心信息的接触者，这类人群多是网络舆论中较为理性、专业权威的有利于网络舆论暴力的防治和解决，这类领袖还包括诸如网红、"大V"之类的人群；在网络舆论中起重要作用的社会机构，可以是政府部门，也可以是权威媒体等，这类机构是机构化的"意见领袖"，这类机构

---

[1] 参见陈光喜：《互联网发展与治理的中国方案——习近平网络治理思想研究》，载《理论视野》2017年第7期。

的介入往往会对网络舆论走向产生决定性影响,诸如权威媒体,本身可以通过曝光事件制造舆论热点,亦可以与政府部门等共同辟谣、发表声明,进而阻止网络事件的进一步发酵和网络舆论暴力的形成。网络热点事件多为关乎国计民生的大事或者是与公众利益有关的事件,当然在新的网络环境下,一些网民的猎奇心理等使得一些低俗、涉及隐私和恶趣味的事件也往往进入网络热点事件范围。引爆事件多为网络热点事件,其在发展中的某个情节引爆点,直接导致网络事件成为热点并迅速激化。网络舆情的时空因素主要体现在网络时空与现实时空的区别,网络改变了人们对于传统现实时空的定义,在时间上网络传播的快捷、网络的历史纵横,大大超出了传统的时空划分,多数情况下任何人在任何时间任何地点都可以在网络中知道想知道的、表达想说的;在空间范围,麦克卢汉所言的地球部落已经形成,网络空间超越了传统自然地理的范畴,全球事务使得舆论越来越具有全局性特征,任何热点事件都不再封闭于自然空间,即网络舆论是我们每个人每时每刻、随时随地都会参与其中的时空舆论。至于网络舆论的舆论要素,这和传统媒体、现实社会的舆论要素一致:情绪、意愿、态度和意见。唯一不同点在于网络媒介的自身属性赋予网络平台中舆论的一些特征,诸如拟态性、复杂性、多样性、传播的迅速性和广阔的空间性等,情绪、态度和意见变成网络环境中的情绪、态度和意见,在本质上是内容和形式抑或是内容和载体的关系。网络舆情的强度主要有两个衡量指标,一是纵向上看针对网络热点事件持续的强度,短时间的剧烈程度侧重于热点事件本身及围绕其形成的舆论在时间范围内持续的长度和短时间内的剧烈程度,强调的是一种累积的强度;二是横截面的网络舆情强度,是当下的舆论强度,主要包括在某一事件节点上,舆情构成人数舆论半径、态度意愿的强烈性等特征。网络舆情的质量由网民言论的质量决定，而网民言论的质量又由网民质量决定，所以归根到底网络舆情的质量是由网民的质量决定，随着受教育水平、媒体素养的提高以及网民结构的优化，网络舆情质量呈现提升和优化的状态。

三、网络舆情在与现实生活互动中发展

有学者认为，网络舆情是当代中国人现实生活、当代中国社会的折射，网络舆情反映并作用于现实社会生活，现实社会生活对网络舆情的产生和发展产生影响。互联网以及网络舆情的迅猛发展，给社会现实生活带来方方面面的影响。积极的、良好的网络舆情会对我国经济社会的发展、公民有序参与政治能力的提高以及良好社会风尚的形成产生积极促进作用；但同时需要清醒地认识到，网络社会同时是风险社会，网络舆情并不总是积极的、优良的，消极有害的网络舆情会诱发不良社会心态的产生，激化矛盾突发期隐藏的社会矛盾，最终对社会和谐稳定产生影响。

网络舆情对现实社会生活的积极影响主要有：加快社会主义民主法治建设进程，推动决策的科学化、民主化和高效化，避免群体极化现象的产生，舆情从人类政治诞生之日起便对政治决策产生影响，舆情的发展在我国具有悠久的历史，从古代的民意到现在的倾听百姓心声、民众声音。舆论在大众媒体兴起时出现了较大发展，尤其是在互联网时代、自媒体时代，人人皆有麦克风，社会舆论真正成为社会大众的意见、态度、声音积极的社会舆论、网络舆论有力地推动了决策的科学化、民主化和法治化。在网络时代、新媒体时代政府信息变得公开化，政府职能和决策机制也发生了变化，越来越会主动通过网络媒

体、自媒体，针对关乎民众利益的公共政策、公共问题问政于网民、问计于网民，从而真正实现问政于民、问计于民，突出和落实人民主人翁地位；在自媒体时代，每个公众都是网民，都可以通过新媒体、自媒体等表达诉求，政府权力被真正置于笼子里，有利于网民的有益补充和监督，这些都会对公共政策运行机制、管理体制和决策机制等产生重大影响，因而能有力推动科学决策、民主决策和依法决策进程。

从民众层面来讲，积极的网络舆论有利于公民政治参与能力的提高。在网络时代，尤其是自媒体时代，公众更加积极主动地利用各种渠道、平台表达自己的利益声明、提出对个人权利落实的诉求，网络与传统媒体不同网络媒介的传播属性为这种权力和利益的诉求提供了平台、途径、出口和通道，网络舆论成为权利诉求的主要聚集地和阵地。利用网络舆论表达权利诉求，已经成为较为普遍的社会现象，公众对于关系国计民生社会发展的重大议题和与自身利益密切相关的议题表现出越来越强烈的关注，而积极的网络舆情则会加快对社会公平正义的追求，进而进一步提高民众参政议政能力。社会舆论同大众媒体一样承担着社会"减压阀"的作用，而这种"减压阀"的作用在当今风险社会和矛盾凸显时期显得更为重要。积极的网络舆论可以起到反映社情民意的作用，通过网络平台的表达可以有效地化解社会矛盾。在互联网时代，网络、自媒体等为网民的民意表达、民意疏通的实现提供了重要的渠道，这种渠道作用比传统媒体层面的民意疏通效果更好、作用更大。积极的网络舆论为社会矛盾中的公众提供了情绪宣泄地带和缓冲区，从而使得在社会转型时期，社会矛盾、冲突引发的对社会不满情绪和日益多元的利益诉求得以合理释放和恰当宣泄，在一定层面上发挥了社会"减压阀""排气阀"作用。

积极的网络舆论对现实生活的影响还包括积极、健康的网络论环境有利于良好社会风尚的形成和发展。网络舆情是现实社会生活、现实社会风尚的反映。就目前看来，我国的网络舆情整体上是积极良好、健康向上的，这一方面体现了公众对国家发展和社会进步的满意度在逐步提升，社会认同、国家认同在进一步增强，同时也体现出网络舆论中网民不断增强的责任意识和日益多元的社会期望。积极向上的网络舆情对于良好社会风尚的形成、和谐社会的发展具有积极促进作用。

第二节　我国网络舆情现状及面临的问题

一、我国网络舆情的特殊状况

根据中国互联网络信息中心（CNNIC）发布的第35次《中国互联网络发展状况统计报告》显示，截至2014年12月，我国网民规模达6.49亿，互联网普及率为47.9%。[1]毫无疑问在全世界范围内，中国网民的数量是最多的，网民总数甚至比很多国家网民加起来的总数还多，面对基数如此庞大的网民全体，以及日益高涨的网民参与呼声，如何进行有效的管理是对每一个管理者的考验。同时，随着互联网在我国的迅速发展，以及我国网络舆情的蓬勃发展，网络俨然已成为我国当今社会舆论最为集中、最为汹涌的聚集地，再加上社会正处于转型时期，使得我国的网络舆情管理工作面临着严峻的考验，网络舆情问题解决得好坏直接关系到我国网络舆情能否保持良好的发展态势，同时还关系着我国网络民主和社会民主的发展进程以及更

---

〔1〕参见轩传树：《互联网时代下的中国国家治理现代化：实质、条件与路径》，载《当代世界与社会主义》2014年第3期。

深刻层面的社会和谐稳定。由此看来对网络舆情的有效引导是关系到国家稳定的全局性问题，因而值得我们认真研究和思考。

我国网络舆情所面临的特殊状况主要体现为，构成网络舆情的各要素在中国特殊国情的大背景下都带有鲜明的特点。首先，我国网络舆情构成中网民数量巨大，容易诱发的网络群体事件较多；同时，网民的层次、结构质量还有待优化和提高，网民质量直接决定网络舆情的质量，网民质量的优化是一个综合的、漫长的过程，需要教育、文化、社会环境、法律法规等要素的有机结合和整合作用。从法律法规方面来讲，我国针对互联网的法律法规仍不完善，更不用说针对网络舆情这方面专门的规章制度，在一个缺乏长效法律机制制约的环境中，网络舆情的发展必然不是健全的。网络舆情面临的严峻考验已经成为一种新常态问题。

二、网络舆情与风险社会

风险社会是近年来较为流行的一个概念。"风险社会"（Risk Society）的概念最早是由德国著名的社会学家乌尔里希·贝克（Ulrich Beck）提出的，最早出现在乌尔里希·贝克的代表性著作《风险社会：新型现代化的未来出路》。这本书于1986年首次出版，与乌尔里希·贝克之后出版的《世界风险社会》《自反性现代化：在现代社会秩序下的政治、传统和美学》等系列著作，共同构建了较为完善的风险社会理论，该理论在实践中与其他多个领域结合，对社会发展产生了巨大影响。[1]

风险社会的核心思想是，伴随着工业化的进程，整个人类世界全球性的风险开始出现，人类日益生活在文明的火山口上，

---

[1] 参见罗俊、罗教讲：《互联网与大数据对社会治理研究与实践的影响》，载《人民论坛》2015年第17期。

第六章　网络社会下的舆情治理

这些风险将对全人类的生存及发展产生巨大的影响和威胁。乌尔里希·贝克从工业化进程出发，着眼于技术视角，将风险社会的核心概念——风险定义为技术对环境、技术对社会产生的威胁。乌尔里希·贝克认为风险是人们在现代化进程的大背景中，由人类自身所引发的一种危险感和不安全感的方式，这种风险实质上是现代化对整个人类社会产生的一种威胁，是由现代化所引发的人们对全球化国际化发展的一种怀疑的后果，风险是一个用来表达传统终结和自然终结的概念，这在某种意义上可以理解为在传统和自然逐渐失去它们曾经拥有的无所不能的权力，并且不再被人类无限依赖时，才会产生风险。乌尔里希·贝克用自己的风险社会理论，揭示了风险的现代化本质和社会属性，对社会发展产生了巨大影响。

当前，我国正处于社会转型期，在我国的现代化进程中，不可避免地要经历乌尔里希·贝克所言的风险社会。随着以互联网为代表的信息技术革命在我国的发展，网络与理性的深度结合使得社会公众对于自身和利益有关以及普遍关注的公共事务的情绪、意愿、态度和意见得以集中，并大规模显现，随之而来的是网络舆情中出现了网络舆论暴力等极端行为，这些现象是风险社会中"有组织的不负责任"。尤其是当今我国社会正处于转型期和矛盾凸显期，再加上风险社会中我国社会生态环境的多样性、社会结构的复杂性以及社会矛盾的多元性，使得社会运行风险加大，当网络舆情与社会生活互相影响时，会使社会的风险在网络世界和现实世界迅速蔓延，交叉放大，当网络将社会时空大大缩短时，网络舆情和现实的互动作用更为明显。一方面，现实社会的风险会迅速成为网络舆情热点事件，在网络中发酵，增加网络风险；另一方面，网络舆情又会引起大范围的现实社会人的参与和关注，往往容易引起较大的群体事件，进一步增加社会运行的风险。

三、我国网络舆情工作所面临的问题

我国网络舆情工作所面临的问题主要可以分为三个大的方面，舆情传播的主体即网民自身的发展问题、网络舆情的传播在政府管理过程中面临的各种问题以及网络舆情传播过程中存在的一些问题。

（一）舆情传播的主体即网民自身的发展问题

谣言增多虚假信息泛滥。我国网民数量巨大，意味着网络舆情参与者数量巨大，同时网民群体存在部分人素质较低、质量参差不齐、结构不合理等问题，使得网络舆情传播主体在参与网络舆情过程中存在着诸多问题，如制造和散播谣言、虚假信息，对信息的甄别能力较弱，容易迫于群体压力而盲从，再加上网络的特征使得谣言更易被危害性传播。决定网络谣言传播的危害性的原因，一方面是网络的传播特性，另一方面是网民因素。网民往往倾向于追求效果轰动，因而使用夸张的言辞，又因网络的匿名性而肆无忌惮地制造谣言。其中有部分网民为了某种利益而充当网络事件的幕后推手，这些因素都会给网络舆情管理工作带来影响。

情绪化、偏激化情况增多。网络舆情事件引起的危机和风暴往往是由于非理性的、情绪化的、偏激言论在网上迅速蔓延所导致的。在网络环境中，基于群体暗示、群体压力作用，往往会引起盲从和群体极化现象的产生，很多非理性情绪化舆情的产生往往会涉及特定的人物主体以及围观者、哄客、境外媒体等。他们的言语往往未经过理性判断或者出于某种利益而故意制造谣言，使得网络舆情增加了不少情绪化、偏激化色彩。

（二）网络舆情的传播在政府管理过程中面临的各种问题

针对网络及网络舆情的管理机制在我国还不是十分完备，

针对网络舆情、网络言论的法律法规还不健全，使得政策制定者、管理者面对迅猛发展的网络，往往不知如何应对，既缺乏行之有效的长效管理机制，又缺少应对、引导管控的实践经验，使得实际的网络舆情管理工作存在管理缺位、管理不到位、监督不力、责任主体不清晰等问题。

（三）网络舆情传播过程中存在的问题

网络舆情首先是在网络中传播，具体而言是通过各种网络载体传播，如常见的社交网络平台、博客论坛门户网站等，网络舆情在网络载体传播的过程中会出现信息失真、走样等问题，使得虚假信息难以辨识，在网络中被当作真实信息传播。同时由于网络监管技术薄弱，使得一些境外媒体反动网站得以存在，敌对势力可以轻易通过网络载体传播虚假信息。传统媒体与网络媒体的结合程度较低，使得大众无法对网络信息进行有力的辟谣和甄别，这些都是造成网络虚假信息、谣言广泛传播的原因。

第三节　网络舆情传播途径及特征

一、传统交流模式下的网络舆情传播

在传统交流模式下，网络上的言论主要是通过传统媒体进行传播，在运行模式上主要是引用、摘抄、转载报纸和电视等的报道，并进行探讨，网络舆情在传统交流模式下的传播有两种主要因素是不可忽视的。

（一）传统媒体和网络媒体间的议程设置

传统媒体具有的信息资源优势，促使其能够最先报道新闻事件；而网络媒体的言论交互性，促使网民参与网络舆情事件

的情绪高涨,客观上促进了网络舆情的快速发展。这说明传统媒体为网络舆情设置了议题,网络媒体的报道才得到传统媒体的积极响应,两者共同为公众设置了议题。网络舆论在不同意见的冲突中进行融合,最后形成主流性意见。

(二)"意见领袖"的作用

在网民中总会有一些"意见领袖"他们能在新闻发生后,第一时间向公众提供消息的最新进展。在网络舆论出现混乱时,"意见领袖"的言论成为网民的"指明灯",这时的"意见领袖"俨然成为议程设置和舆论的中介。

二、信息交互模式下的网络舆情传播

传统媒介的话语表达对象局限在专家、学者等社会精英人群,话语传播具有单向性。普通民众只能被动接受,无法互动参与、自主表达。互联网技术尤其是 Web 技术的出现和发展,为普通民众的话语传播提供了平台,同时也增强了网民之间的互动性,实现信息交互。

(一)信息交互模式下的网络舆情传播途径

网络新闻的来源可以追溯到上游媒体,例如报纸、广播、电视等,而这些新闻的影响力也随着互联网的发展而不断扩大。媒体的主观偏见,可能会对公众产生误导,从而推动网络舆论的变化。为了保证网络舆情的公平、客观和准确,必须做好这些工作。在移动互联网上,网络舆情与社会现实有很大的不同,它的分布方式主要有:主流媒体分布的新闻和评论,即时通信工具上的消息,以及各种定制 APP 提供的资讯。

(二)信息交互模式下的网络舆情传播特征

1. 多源性

舆论的来源十分丰富,它们涵盖了政治、经济、社会等不同的领域，从而影响着人们的思维和行为。网民可以自由地表达自己的观点，无须担心他人的反对，而且还能够轻松地进行评论、转载等活动。

2. 突发性

随着互联网的发展，一个新的话题或者一种情感化的观点很快就会被传播开来，并且很容易引发一场网络舆论的全面讨论。

3. 多向性

网络技术的进步，舆情可能会出现多种变化，其中包括偏激的言论、极端的行为以及其他负面的影响。网络舆情的发展趋势有显著的特点，即朝着负面方向发展。

4. 直接性

利用网络平台，网民可以自由地表达自己的观点，使得民意传播变得更加便捷。随着互联网的普及，越来越多的网民能够以真实的态度和情感来表达自己的想法。

5. 互动性

互联网中的人们普遍有强烈的参与意识。通过提出自己的观点和评价，可以对某个问题和事件展开深入的讨论和辩论。

三、自媒体环境中的网络舆情传播

2003年，美国媒体学家谢因·波曼（Shayne Bowman）和克里斯·威理斯（Chris Willis）共同提出了"自媒体"概念，这一重大的理论成果对全球媒体产生了深远的影响，引领着新的思潮和潮流。通过推特、微博、微信、论坛等多种社交媒体，人们可以更加便捷地进行信息的传播，并且可以更好地理解和接收信息。

（一）自媒体时代舆论传播的路径

1. 大众参与报道现场

自媒体平台为每个人提供了发布信息的机会，"报道"可以让你随时随地获取最新的新闻，第一时间记录下发生的重大事件和现场情况。

2. 碎片化信息快速蔓延

当舆论事件爆发时，碎片化的信息迅速地在微博、微信等社交媒体平台上传播，不同版本的、被分割的信息也随之大量涌入，网民的情感反应也以"病毒"般的方式迅速扩散，使得整个舆论环境变得极其紧张。

3. 官方与主流媒体介入

随着社会舆论的持续变化，政府机构和主流媒体积极采取措施，以便更好地把握舆论的发展趋势，并以客观、公正的态度来深入挖掘事实的真相，以及更加合理地分析。

4. 公众情绪趋于缓和

经过各方的共同努力，事态的发展变得更加清晰，谣言和猜忌也在不断减少，公众的要求也在不断实现，社会氛围也在慢慢改善，自媒体平台上的舆论也在不断下降。

（二）微媒介的舆论传播特征

1. 网状链式的传播促成裂变效应

"关注"和"被关注"的关系使微媒介用户以一种基于社会虚拟人际关系的网络形式传播信息，这种传播可以在短时间内迅速聚集，并且可以形成裂变效应，使某种情绪的声音被放大，从而导致负面舆论的出现。

2. 节点辐射式的传播促成扩散效应

随着微媒体的普及，个人也变得更加重要，可以作为信息传播的桥梁，一旦某个人的观点受到关注，便会立即向周围的人宣扬，并且发表自己的看法，从而构建一个庞大的社交网络，激起强大的公众关注。

3. 圈（群）波式传播导致集群效应

微媒体的架构通常建立在多种社交网络的基础上，其中用户群体的价值观念和兴趣爱好往往是相似的。通常情况下，舆论会首先在某个特定的社区中传播，然后会逐渐传播到更广泛的社区。随着圈（群）的蔓延，越来越多的共识和看法将会被强烈地传播开，使得原本分歧的观点变得更加普遍，最终形成一股强大的社会舆论。

四、基于社交网站的网络舆情传播

随着科技的飞速发展，网络舆情已经从传统的电子邮件、评论等沟通方式发展到维基、即时通信、博客、个人新闻平台、手机短信、手机 TV 等新型的信息交互模式，使得舆情传播更加便捷、快速。

网民在自己的博客、播客及个人新闻平台上发表自己的见解，其他网民可以进行浏览观看，但不能制造信息，个人网站模式下的网络舆情传播属于一点对多点的非交互式传播。

五、基于移动终端的网络舆情传播

（一）手机等移动终端：网络舆情传播的新渠道

在传统表达渠道受阻的现实困境下，以手机为主的移动终端在舆情传播上成为继因特网的又一有力突破口。工业和信息化部的统计数据显示，我国手机用户总数在 2014 年 5 月底已接近 13 亿。

著名传播学者利文森预言，手机将超越互联网，互联网将成为手机的副手。传播学者哈罗德·伊尼斯断言，一种新媒介的长处,将导致一种新文明的产生。

(二) 手机媒体舆论传播的传播学分析

民意在正常渠道难以获得直接有效的表达后,通过手机媒体推动舆情传播,体现了媒介选择的传播学意义。

1. 手机媒体人际关系的传播优势

人际传播是个人与个人间的信息传播活动,也是由两个个体系统相互连接组成的信息传播系统。手机媒体人际传播除了具有人际传播的一般特点外,它还带有媒介自身的特点,如传收双方在交换信息时通常是平等参与,手机短信的传播形式是互动的,反馈是即时的,传播过程依附于手机传收双方原有的人际关系,可信度较高。

2. 手机媒体个体私密的传播特征

如果说网络培养了公民自由言论的公开表达,那么手机将更加充分地体现公民个人意见的表达。手机这种新媒介由于它比任何一种媒体都具有个体性,某种程度上能带来匿名状态下的相对安全,使得信息传播者实现自由诉求。

3. 手机媒体滚雪球式的把关模式

手机媒体的信息把关模式由漏斗式向滚雪球式蜕变。当众多的手机用户拥有传播信息的资源和机会,也变成了手机媒体"把关人"的主体。如果公民自我设置的议题能在短期内引起大量公民的关注,那么它也能很快引起传统媒体的关注,甚至进入传统媒体的"议程设置"冲击虚拟网络,引起社会大众及有关政府部门的关注。

六、网络舆情的传播机制分析

网络舆情的传播演进大致经历了五个阶段:形成期、爆发期、高峰期、反复期和消散期。只有分析网络舆情内在的传播演变过程,发现网络舆情的形成规律和发展动力,才能探寻触发网络舆情的深层根据,有针对性地对其进行引导和治理。

1. 网络舆情传播的形成期:热点议题的优胜劣汰

此阶段是少数话题形成焦点事件并在网络上逐步扩散的开始。在信息爆炸的时代,社会现实空间和网络空间充斥着数以万计的新鲜话题和敏感事物,但并不是所有话题都能在短时间内聚焦公众视野形成网络舆情,只有少数话题能作为具体对象被抽象化,激发潜在的矛盾而形成焦点事件,引发大规模的网络舆情。在少数话题→舆情热点→焦点事件→网络舆情的"刺激—反应"过程中,敏感性信息的扩散和传播速度远远快于普通信息,并在网络空间发挥作用,带来相关事件的点击率骤升、网民的积极参与和信息广为传播等几个方面的影响。面对大量的事件信息,网民在形成和发布个人态度意见的同时,也会关注异化甚至对立的情绪,促使其进一步探寻事件真相和寻求意见支持,在小范围内形成不同的意见群体。群体内的态度、意见和情绪经过相互的碰撞和交流,在群体规范和压力的作用下往往趋于一致,各种群体力量的汇聚最终形成网络舆情广泛传播。

2. 网络舆情传播的爆发期:网民阶层的情绪喷涌

这个阶段信息高度膨胀、网民情绪迅速集结,事件在互联网上传播和扩散速度呈现爆炸式增长。焦点事件的影响力开始膨胀,网络舆情开始出现聚合和分化。网民作为网络舆情的主体力量,推动事件的进程和发展:"草根"阶层进行参与式的讨论,并接受着网络谣言的刺激,群体极化和无意识状态使他们的情绪结合变得无理性甚至是偏激;网络搬运工进行转移式放大,在信息进行差序流动的主流化过程中不断加入具有冲击性的因素,使事件本身放大而变得更具可观赏性;网络"意见领袖"进行掌控式主导。通过不断地重复和传染作用聚合草根阶层的力量,使网民的态度、意见和观点出现分化,陷入激烈的讨论和争辩中;网络推手则进行加工式引导,在事件高速扩散的过程中加入商业化元素,炒作、恶意煽动等手段使事件变得更为复杂,同时催生了网络暴力。这四种具有代表性的网民群体力量共同作用,在形成网民情绪喷涌效应的同时,也使网络舆情发生剧烈反应,在短时间内聚集膨胀、迅速爆发。

3. 网络舆情传播的高峰期:传播媒介的推波助澜

在这个阶段,网络舆情出现高潮,传播媒介的报道程度和网民的参与程度都呈现出几何数量的增长态势,网络空间形成了巨大的舆论风暴。传统媒体、网络等新媒体、各种社会力量的结合互动,现实社会和网络对整个事件的关注达到了一个空前的高度。门户网站的新闻跟帖、BBS的热帖置顶、博客的转载评论、社交软件的讨论转发等,网络媒体以多种形式汇聚网民的态度、意见和情绪;传统媒体则通过对事件的深入挖掘,以电视访谈和专题节目、纸质媒体的头版头条等持续报道的形式体现事件的轰动效应。传统媒体的深入报道和网络媒体的无边界传播有效地结合,各种渠道获得的信息在现实社会空间和网络空间迅速地聚合,使网民对事件的关注达到一个顶点。网民群体、传统媒体、网络媒体、各种社会公众力量等多方参与,使事件信息达到了相当程度的完整与严密,网络舆情呈现出稳定的均衡形态。

4. 网络舆情传播的反复期:刺激信息的再次输入

在这个过程中,网络舆情出现了循环反复的变化,新变量的不断加入使原本处于均衡弱化状态的网络舆情偏离平衡、恢复波动形态,呈现出波峰与波谷交替的摆动特征。对于同一焦点事件,不同网民可能持有不同的态度、意见和情绪,但同一网民个体在焦点事件的不同发展阶段也可能持有不同甚至相悖的态度、意见和情绪。新的刺激信息或事件的重新输入，会导致网民的行为和情绪发生变化，事件相关信息的刺激程度越强，网民的这种变化越显著，网络舆情的波动程度也会相应地受到影响。如果事件的相关信息或进展与网民的预期基本一致，网民将会重点关注引起事件矛盾的双方主体之间的利益均衡、关键人物的问责和查处等结果性信息。焦点事件的完结，使不同网民的态度、意见和情绪得到中和，缺乏舆情指向的信息将使网民的关注度和兴奋点降低，逐渐转向新的热点议题或事件，原有事件的网络舆情在刺激变量的加入下波动不明显，逐渐弱化消散。如果新加入的刺激性信息或事件与前述事实产生较大出入甚至完全不同时，将会带来轰动性效应，网民可能推翻之前因接收到的事件信息而形成的态度和意见，并在短时间内盲目接受和相信新的刺激性变量而形成新的态度和意见。此时，甄别和辨识能力下降的网民主要受情绪主导，形成新一轮更为激烈和凶猛的网络舆情，呈现出剧烈波动的形态。

5. 网络舆情传播的消散期：无序状态的理性回归

此阶段中，网络舆情的作用能力开始出现弱化，逐渐进入慢慢平息的消散期。当焦点事件的发生所能带动的社会资源全部耗尽时，网民对事件的关注度下降呈现出疲态、传统媒体和网络媒体对事件的报道减少、社会影响和网络影响逐渐减弱，与事件相关的信息不再能引起广泛关注并呈现出递减的态势，事件逐步淡出公众的视野。焦点事件在不断的发展进程中，也在不断推进网络舆情的演变。当焦点事件在相关部门的积极作为下得到妥善处置和解决后，网民探寻事实真相的诉求欲望得到了一定的满足。网络舆情缺乏新的刺激动力，其范围和强度也逐渐减弱，最终随着焦点事件的完结，也在经历形成、爆发、

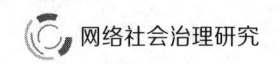

高峰、反复之后逐渐减弱消散。

第四节　网络舆情事件成因与治理模式

一、网络舆情事件形成原因分析

随着互联网的不断发展，网民利用互联网表达自己观点的主动性越来越强，社会事件尤其是一些突发事件犹如被置于放大镜之下，网络舆情事件的形成必须具备一定的因素，主要表现为以下七个方面：

（一）社会事件

社会事件或者作为社会热点、难点问题的公共话题出现在网络上。社会事件是网络舆论形成的导火索，其性质往往决定着舆论的热度和影响力。

（二）社会心理

社会公众的不同心理趋向决定着事件可能引发的舆论强度。当前社会中"仇富、仇官、仇警"等情绪较突出，一旦发生相关的事件，就更容易引发网民关注。

（三）重点网站

重点网站如果集中、突出报道某个事件，该事件便会在极短时间内形成网上热点，对形成主流舆论具有巨大作用。

（四）传统媒体

相较于网络，传统媒体具有更高的可信度，其介入是否及时，介入后的报道力度和言论倾向，都对网络舆论走向具有重要引导作用。

（五）政府应对

事件发生后，政府应对措施适当与否直接影响网络舆论的走向部分，网络事件之所以会引发负面舆情，与地方政府应对措施不当有着紧密的关系。

（六）意见群体

网络上的知名网民，如"意见领袖"和论坛主，是影响网络舆论的关键力量，他们的言论和观点可以极大地推动网络舆论的发展，甚至改变社会的格局。

（七）网民参与

网民不仅是信息的接收者，也是信息的传播者。当不同的观点在互相讨论中产生共识时，少数人的看法就会被淹没，导致多数人都支持同一个方面。由于多种不同的观点的冲突，网络舆情事件变得更加敏感，并可能导致严重的危机。

二、网络舆情治理模式研究

（一）当前网络舆情的治理模式及其问题

当前，我国网络舆情治理模式可以概括为政府主导和多中心协同两种模式，以期达到更有效的管控效果。网络舆情治理模式中，由政府主导的方式存在许多挑战，例如依赖于传统的控制和反对方式。多中心合作型网络舆情治理模式虽然可以提高网络治理效率，但它的局限性在于它依赖于西方发达国家的市场机制，以及其中的政策框架，并不符合我国国情。

（二）多元主体协同治理模式的提出

为了应对当前复杂的网络环境，国内学者提出了一种全新的网络舆论管控模式：多方参与、协调配合，强调公众参与的平等性和自由性，推动官民之间建立起相互尊重和信任的关系。

（三）新形势下网络舆情多元主体协同治理模式的主要内容

1. 网络舆情治理中的利益协同

为了更好地治理网络舆情，政府应该积极与网络企业和网民沟通，组织"会谈"，并制定各方的利益目标。通过这些措施，可以让更多的人能够参与治理网络舆情的过程，并享有平等的权利。

2. 网络舆情治理中的资源协同

资源协同在网络舆情管理决策的实施过程中发挥着至关重要的作用。通过多元主体协同治理可以利用人力资源、制度保障和电子政务技术，促进各主体之间的信息交流与沟通。

3. 网络舆情治理中的政策协同

通过制定一系列有力的政策措施，以确保网络舆论管控的有效性和可持续性，从而达到有效的社会管控目标。政策协同方式应当既保障网络企业和网民的发言权，又能够促进网络舆论的健康发展。

三、网络舆情综合治理的长效机制

（一）建构优化网络与传统媒体互动的舆论新机制

传统上认为报纸是第一媒体，随着社会信息化、信息网络化和全球一体化的发展，互联网正在超越传统媒体成为第一媒体。政府必须在强化网络媒介管理的基础上，整合媒介所有资源，充分利用广播电视等传统媒体，建立网络媒体与传统媒体联合互动机制，营造社会舆论大环境消解情况危机。

（二）系统建设预研、预测、预警、预案一条龙的长效机制

应对网络舆情必须建立预研、预测、预警、预案一条龙的长效机制，建立常态化、规范化、制度化的网络舆情预研机制、网络舆情预测机制、网络舆情预警机制和网络舆情预案机制，真正形成四位一体的长效机制。

（三）加速构建网上治理与网下解决有机结合的大机制

网络舆情演化发生在网上，而其背后和深层原因在网下。

只有网上网下有机结合、协调互动网络媒体单位与地方各级政府联手，才能真正解决现实生活中人民群众的切身利益问题。

第五节　网络舆情事件处置与应对策略

一、网络舆情事件的政府管控与应对策略

（一）政府在治理网络舆情事件方面存在的问题

1. 应对方法过于简单，缺乏使用"网络技巧"

政府在治理网络舆情事件特别是负面的网络舆情时，可能存在处理方式、方法过于简单、粗暴，轻引导、重处置的问题。如对网络上出现的负面言论进行"封堵"，利用网络技术，对网络上的负面消息进行"删除"等。

2. 处理事件的"黄金时间"延误

在处理网络舆情事件上，存在最有利于处理事件的最佳时间，即"黄金时间"。只有在第一时间快速反应，才能占据主动。然而，一些部门在处理网络舆情时却没有应有的敏感性，长时间不做回应，甚至回避，错过"黄金时间"。

3. 群众的知情权难以得到保障

在网络舆情产生后，政府部门应该迅速对事件进行全面调查，让民众获得应有的知情权。然而，在处理一些突发网络舆情事件上，民众的知情权难以得到满足，激发社会各界的愤怒。

（二）政府治理网络舆情事件时存在问题的原因分析

政府在治理网络舆情事件方面出现这些问题的主要原因简单来说主要有：网络舆情管理的法律、法规不够健全；网络舆情事件的预警及监测机制尚未成熟；治理网络舆情事件的意识和能力缺乏；政府在网络舆情搜集监测、研判引导方面的队伍

薄弱;互联网中的"意见领袖"缺位。

(三) 政府关于网络舆情事件的对策

1. 以人为本,体现民意

政府在应对网络舆情事件时必须坚持以人为本,充分倾听、搜集广大网民的心声,真实体现网民价值。

2. 提高网络发展,规范网络舆情

政府要坚持全面发展,加快网络的普及和发展,特别是对一些不发达地区给予政策上的扶持,推动社会的信息化进程,提高网民的综合素质。政府在治理突发事件网络舆情时应该将"堵"变为"疏",将舆情疏导为民意的表达。党和政府引导和规范网络舆情,使网络舆情常态化、规范化。

3. 提升政府治理网络舆情事件的能力

(1) 加快网络舆情事件治理的立法进程,加强网络舆情事件治理的执法监管。目前我国监管网络舆情事件的主管部门较多,操作时易引起不同部门的权力交叉,网络事件处理效果不佳,政府应当进一步明确事件治理主管部门职责分工,发挥各部门的职能优势。

(2) 建立政府各职能部门网络舆情事件工作机制,完善网络舆情事件的信息研判机制。政府相关部门要主动融入网络虚拟社会中,研究网民思维方式,不断完善网络舆情的相关工作机制;建立网络舆情事件预警工作机制,明确日常网络舆情工作目标,形成政府各部门间的协作交流机制;完善网络舆情研判机制,相关专兼职人员要透过错综复杂的表面现象,把握舆情的本质,获取舆情运动规律性的认识,并据此提出对策建议、达到辅助决策的目的。

(3) 加强网络基础设施和网络舆情技术支持系统建设。网络舆情研判是较为复杂的一项系统工程,这就需要政府相关部门建立起强有力的技术系统支撑。一方面,加快加强网络基础设施建设,组建和培养网络舆情技术专业人才队伍。另一方面,通过构建计算机网络舆情监测系统和设备良好的技术平台,辅助政府舆情工作人员对网络舆情信息进行自动收集和处理,建立定性与定量分析网络舆情的指标体系。

4. 提高政府官员的网络素质,提升政府的网络舆论形象

一些政府官员缺乏媒体素养,面对民众诉求和网络呼声,采取"拖、躲、捂、推"的方式,政府的公信力受到质疑。应强化政府官员网络媒介素养,积累一定的网络媒体基础知识,科学地引导网络舆论导向,提升政府的网络舆论形象。

5. 培育网络舆论引导队伍

建立一支专门的政府发言人队伍,完善网络新闻发言人制度,及时对网络热点、焦点问题进行专业分析,并第一时间发布权威信息,积极回应网民各类诉求。

组建一支政治素质高、熟悉"网言网语"的网络评论员队伍,努力使其成为网民中具有较强影响力、号召力的"意见领袖",正确引导网络舆情。

二、网络舆情事件处置预案的制定

全媒体时代下,只有增强舆情意识,掌握网络传播规律,完善处置工作机制,才能有效提升应对能力,遏制网络舆情事件的不良发展。网络舆情事件具有一定的生命周期,经历一个从萌发到消亡的过程,应根据舆情特征、周期及阶段性规律,有所侧重地开展应对处置工作。

(一)质疑期舆情事件的应对处置

网络舆情有质疑期,此时舆情已初露端倪,信息量虽少,但已引起人们普遍关注。应对措施:更新观念,树立理性危机

意识；健全机制，强化舆情分析研判；强化调查，规范情况信息反馈。

（二）爆发期舆情事件的应对处置

对于已然爆发的舆情危机，政府应牢牢把握话语权和主动权，加强舆论引导，关注舆情发展，加紧事件处置。应对措施：健全新闻发布机制，加强沟通协调，加强事实报道；加强舆情实时跟踪，强化舆情监测，关注舆情发展；严格依法处置事件，防止矛盾激化和事态恶化。

（三）高潮期舆情事件的应对处置

对于处于高潮期的舆情事件，应对措施：及时公布处理结果，给网民留下良好的第一印象；强化舆情危机公关，加强与网民互动；完善与媒体合作机制，加深社会对政府工作的认同感。

（四）消退期舆情事件的应对处置

此阶段应着重加强对舆情危机的反思与自身制度的完善，从根本上杜绝舆情危机的发生。要研析舆情事件发生的深层原因：深化制度建设杜绝舆情事件的再发生；强化正面宣传，提高政府公信力和社会认同感，消除舆情事件带来的负面影响。

三、网络舆情的媒体引导与把关

（一）传统媒体发挥信息权威优势，增强网络舆论导向功能

相对于网络媒体，传统媒体的一大优势就是权威性传统媒体能充分发挥其舆论监督和引导功能，以媒体的理性引导公众有序合法地表达，培植促进公民自律的强大社会力量，更好地引导健康的网络舆论。

（二）网络"意见领袖"正向引导网络舆论

德国传播学家诺依曼的"沉默的螺旋"理论指出，人际交

往中"劣势意见的沉默和优势意见的大声疾呼"的螺旋扩展，会导致社会生活中占压倒优势的"意见"的诞生。网络"意见领袖"的作用不容小觑，可引导正确舆论导向，维护正常有序的网络环境。

四、网络舆情传播与媒介素养教育

政府要充分发挥引导者的作用，透过各种教育体系，提升公民的政治素质、道德素养和媒介素养，推动公民对网络舆情现状的认知和参与。

相关政府部门一方面进一步提升网络舆情工作和服务水平，定期与网民群体进行互动、交流、沟通，为公民网络舆情参与创造良好氛围。另一方面，应从教育入手，提高公民的网络自律意识和道德修养水平。公民自身素质的高低，对网络舆情参与的公正性和客观性具有直接的影响。而教育一直被认为是改变社会道德滑坡现象，提高公民素质的重要渠道。因此要促进网络社会良性秩序的建立。应当大力发展中高等教育和继续教育，从思想观念上、科学文化水平上与媒介识别能力上提高公民的整体素质，形成文明上网、理性发言的良好氛围。

五、网民自律与责任意识培育

网民是网络舆情传播的基础。在当前我国网络社会规范还未真正建立健全的环境下，网民容易受到一些非理性情绪的感染和恶意误导信息的影响，加剧情绪化导向，导致网络舆情事件发展成公共事件。作为网民，应当增强自律与责任意识，不断约束自己的日常网络使用行为，培养自己的理性思维能力和明辨是非能力，警惕陷入虚假信息的传播螺旋，为构建和谐健康的网络舆论环境贡献绵薄之力。

六、网络舆情事件应对的世界经验

当前,国际上大部分国家都非常重视对网络舆情事件的管理,而且纷纷采取了相对应的措施,规范网络舆情事件。尤其是美国与加拿大的做法与经验,其他国家可以适当借鉴与参考,美国与加拿大分别是从法律与技术层面入手,对网络舆情事件进行实时监控与管理。

(一)美国:完备的法律体系和成熟的技术手段

互联网的兴起最初来源于美国,网络发展比较迅速,网络设施比较健全,网络技术也相对比较发达。正因如此,所以美国政府非常重视网络舆情的管理,而且一直在网络舆情方面管理得非常好。

1. 完备的网络舆情监控法律体系

美国针对网络舆情的管理,出台了一系列关于舆情监控的相关法律,各项关于舆情监控的法规都十分完善,至今美国政府已经颁布了近100部应急法律,而且还制定了许多规章制度。当前,美国互联网管理也已经取得了很大的进展。

2. 成熟的网络舆情监控技术性手段

从当前信息监控技术方面来看,美国在这方面处于领先位置,信息监控技术方面最为先进。美国充分利用自身所拥有的先进网络技术,建立了网络分级体系,在原有的网络信息检索上进行创新,并运用先进的网络信息过滤技术,对互联网信息进行过滤,运用网络安全技术进行实时监控,从而达到了对网络舆情的有效管理。另外,美国政府通过"互联网网址清单"这种方式,来制止网络上大量的不良信息。

(二)加拿大:健全的应急机构与先进的应急系统

加拿大是世界上重视信息通信技术的国家之一,具有完善的互联网监管机构与体系,并且加拿大政府也一直致力于网络信息应急管理建设,试图通过这种方式来应对突发的网络舆情事件,防止网络舆情事件的发酵。

1. 加拿大应对网络事件应急组织架构

加拿大一直都在实行分级管理,针对应急处置管理体制分为三个等级模式,分别是联邦、省和市镇。加拿大应急处置组织会根据紧急事件的类型或者是事件的影响力,调动相对应的分管协调组织进行应对。

2. 先进的电子政务体系与网络事件应急系统

加拿大政府一直不断地完善网络事件应急系统,健全电子政务体系,并且出台了一系列的相关政策。在1994年就出台了《运用信息通信科技改革政府服务蓝图》,这也是世界上首例改革政府整个框架的重要文件,这一文件的发布,引起了世界的关注。并且在法律法规允许的范围之内,加拿大政府的各个网络信息相关部门建立了信息安全和网络监控等完善的网络通信管理体系,便于更好地处理网络紧急突发事件。

第七章

网络社会下的语言暴力治理

第一节 网络语言暴力概述

一、什么是网络语言暴力

在西方国家"网络暴力"一词很早被提出。麦克卢汉对网络舆论暴力进行界定,根据道德,在网络上对当事人蓄意审判;在网络公开个人隐私信息,用暴力言语对当事人施加舆论压力;通过网络暴力行为使当事人受到重大伤害或巨大压力、威胁。

在中国,伴随着互联网时代的来临,网络暴力也随之产生,成为人们研究、关注的重点。所谓媒体暴力,就是指含有暴力内容并给人们带来不利影响的媒体,其中包括影视、报刊、电子游戏等含有暴力内容的媒体。根据中国社会科学院陈宪奎的观点,媒体暴力可以分为真实暴力和幻想暴力,真实暴力即媒体对现实生活中发生过的暴力现象的记录呈现,如对城市秩序骚乱、游行示威和战争等的展示;而幻想暴力则是虚假的,是指娱乐节目中出现的暴力场景,如电视节目中出现的暴力镜头。针对媒体暴力对现实的影响的不同,部分研究人员将媒体暴力分成了显性暴力和隐性暴力,如家庭暴力、校园暴力、电视暴力等不正当、违法的暴力行为就是指显性暴力,而隐性暴力则是指游戏暴力、语言暴力和图像暴力等被正当化的暴力行为。

李哲认为，网络语言暴力就是指，在网络上用语言攻击他人的合法权益并对其在思想或心理上造成伤害的行为。有研究人员对网络语言暴力做出了定义，网络语言暴力分为原发性语言暴力和继发性语言暴力两种，是在互联网上以言语的形式对某人进行漫骂的攻击行为。网络语言暴力以互联网为媒介，以言语为主要攻击形式，从而对他人的心理和思想造成一定程度的伤害，侵犯了公民的合法权益。

二、网络语言暴力的特点

"网络暴力语言"字面上来说就是网络中带有"暴力"意味的语言，"网络语言暴力"一词十分形象化，带有比喻性意味。学界有很多有关暴力的界定，大致可以分为以下两个方面：一方面，暴力是一方对另一方实施的故意行为，受害方被迫无奈地接受施暴方的故意行为。另一方面，施暴方的暴力行为给受害方的身体或精神上带来了很大的伤害。

网络暴力的语言表现出通俗化、生动化、网络化、口语化、消极化等基本特点，具体体现在字词、数字、符号、谐音、外文等表现形式上。在语言层面，网络语言暴力表现出通俗化、含蓄化、口语化和修辞化等的特点；暴力层面则体现在暴力程度逐渐增强、暴力词汇的附会性、爆发时间的紧凑性和暴力发生的偶然性。网络暴力具有三个基本特点，分别是门槛低且传播范围广、大众不理性情绪化和"意见领袖"影响大。

三、网络语言暴力的类型

网络语言暴力分为语言和暴力两个层面，在语言层面，网络暴力语言是网络语言体系的一种，内容丰富，语言繁杂且形式多样。根据语义内涵的划分，网络暴力语言可分为诅咒语、

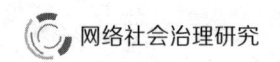

贬称语、性语、人身攻击语和威胁语五种类型。

第二节　网络语言暴力的原因及影响

一、网络语言暴力产生的深层次原因

（一）社会层面

1. 社会现实与虚拟网络世界的矛盾

由于生活环境、认知方式不同，人们对客观事物的态度也不同，网络虚拟世界也是如此。现实社会矛盾在虚拟网络世界发酵，现实社会矛盾对虚拟网络世界产生影响。网络语言暴力体现了人们现实生活中的心理——愤怒、厌恶、憎恨和不满等不良情绪。虚拟的网络世界对现实社会矛盾产生影响。暴力语言在网络中一些不良新闻和交友聊天网站蔓延，也逐渐影响到人们的日常生活。人们利用网络带给自己的便利，但又过于相信网络，没有自己的主见。

2. 社会文化、社会心理

社会文化与人们生活密切相连，社会文化的德育、熏陶使得网络语言暴力现象无法大规模发生。网络语言暴力"井喷式"爆发是对社会文化现实的反映，从社会心理角度来说，特定的时期内存在于社会群体中的社会心理状态，是整个社会的情绪基调、共识和价值取向的总和，是社会意识的一种形式。社会舆论一方面可以较好地反映群众意愿，表达群众心声；另一方面也导致网络语言暴力滋生。网络语言暴力者多有盲从、情绪化、缺乏正确的判断力等表现。

3. 法律制约

语言暴力者在虚拟网络世界中的言行自由、无约束使得网

络语言暴力时有发生,在虚拟的网络世界里,由于目前缺少相应的法律法规,并且即使有相关的法律也会因为网络法治体系的不健全让暴力实施者有机可乘,这就使得网络语言暴力者肆无忌惮地施暴。因此,要加大社会监管和法律约束力度,推行实名制。

(二)网民层面

1. 网民个人心理机制

网民以年轻人为主,情绪化较强,在思维方式上易为情绪所左右,容易感情用事,逃避现实,排遣化解一些内心的郁闷、孤独和烦躁的主要途径是网络。面对纷繁复杂的现实世界,常常处理不好自身与社会的关系,易将这些不良情绪发泄到虚拟网络中。

2. 从众心理

网络是一个公共平台,基于群体结构性压力和场域理论,这个平台也是网民释放压力、宣泄情绪的场所。网民的不满情绪会影响周围人,容易激发他们的暴力语言行为,会导致集体施暴。在从众心理的影响下,群体的压力导致了"人肉搜索"等行为的加剧。

3. 网民素质

中国互联网络信息中心发布的第45次《中国互联网络发展状况统计报告》显示,网民中初中文化程度比例最高,这一情况体现了我国网民整体素质不均衡、文化水平普遍低下的现状。这些网民的感性思维大于理性思维,对事物的看法过于表面化,不能够深入思考问题,易于被群体情绪影响,这些因素都在一定程度上致使网络暴力语言频繁出现。

(三)网络层面

1. 网络的虚拟性和自由性

网络的虚拟性导致了网络暴力语言的使用者恣意妄为。网络的虚拟性和匿名性为网民提供了自由广阔的天地。一些网民认为在网上交流，他人不能够真正地了解其身份和背景，就没必要受到日常生活中那些条条框框的束缚，也就没有过多的顾虑，可以随心所欲，为所欲为，于是我们经常在网上看到恶意的谩骂和攻击，所用的语言带有侮辱性。

2. 大众传媒的影响

随着人类社会的不断发展和进步，网络媒介的传播范围也越来越大，大众传媒的影响力也越来越强。有些大众传媒在报道新闻事件时喜欢走极端，有的为了迎合市场，追求效应，故意夸大言辞。有一些新闻报道会有暴力场景夹杂其中，这种尤其会对青少年造成一定程度的影响。

二、网络语言暴力形成的制约因素

（一）法律法规

近几年，网络中暴力语言的出现引发了多起案件，严重侵犯了公民的民主权利。韩国在2008年开始执行《信息通信网法施行令修正案》，我国也需要建立健全规范网络言语交际行为的法律法规，提高网民的自律意识，使网民有更好的、文明的上网空间。[1]

（二）网络交流平台管理

互联网作为交流分享的平台，方便人们相互沟通和交流的同时也带来一些负面影响，对于这种问题，有关部门应加强对网络的监管，加强与网络服务运营商、网络公司的合作和交流，对网络语言暴力等行为进行管制。

---

〔1〕 参见王明国：《全球互联网治理的模式变迁、制度逻辑与重构路径》，载《世界经济与政治》2015年第3期。

(三) 舆论引导

网络语言暴力的舆论引导与治理是当下亟须解决的问题。在网络传播中，舆论被扩大化，不满情绪被无限放大。网络舆论有时对一些重大案件起着很大的作用，网络暴力的推波助澜，加大了司法公正的难度。因此我们要加大管理力度，给人们一个绿色的网络空间。

(四) 网络文明

最近几年提倡文明上网的标语越来越多，这确实有利于网络语言的健康传播，互联网界发出提议，坚决抵制背离中华民族优秀传统美德与社会公德的不良信息，抵制网络不正风气，远离网络语言暴力，过滤网络环境，不信谣不传谣，不在各大社交平台中发表或转载不当言论、图片、音频等信息，网络文明的建设需要全社会的共同努力，在网络交流中，应当尊重他人的权利和观点，避免恶意攻击，保持理性和客观的态度，积极传播正能量和有益信息，共同营造和谐的网络氛围网络。

三、网络语言暴力对社会的影响

(一) 影响青少年的健康成长

从道德伦理的层面看，网络情绪适度发泄并无任何不妥之处，但凡事皆有个度，一过度就会给他人社会造成伤害，同时会给自身带来危害，这在青少年中表现得尤为明显。有调查显示，在英国12岁~15岁的青少年中有11%的人曾遭遇过网上骚扰或欺凌，让人担忧的是，出于嫉妒、厌恶、好奇或者借此来缓解各方压力的心理，发起网络暴力的绝大多数是与受害人同龄的孩子。长此以往将不利于青少年的健康成长，无论是对于网络语言暴力者还是被迫害对象。

(二) 阻碍网络健康发展

网络的虚拟性、匿名性给造谣中伤者提供了舞台，在网络中发表不当言论、散播虚假信息、制造网络混乱，不仅影响广大网民的切身利益，也损害了网络自身的良性发展。再加上有些网红、娱乐人物甚至是网络工作者，借助网络的虚拟性，大肆炒作，制造话题，博取眼球，长此以往，网络会逐渐丧失社会公信力，最终会影响网络自身长远、持续、良性的发展。

（三）污染社会环境影响社会和谐

互联网强大的搜索存储能力，给个人数据的搜集与利用带来方便和快捷，但同时也加大了个人信息外泄、隐私被侵犯的可能。暴力、色情、犯罪等问题也随着网络时代的到来而加重，网络语言暴力会严重影响社会风气，污染社会环境；不良信息的传播，在荼害青少年的同时也影响着社会的稳定，如暴力犯罪组织利用网络语言的传播特性组织暴力犯罪等。网络的不文明、暴力也会对现实社会带来危害，影响着网络和现实社会的和谐。

第三节　网络语言暴力的传播特征及传播效果分析

一、网络语言暴力的传播发展阶段

网络暴力包括网络语言暴力，其发展分为两个阶段：第一阶段是文字使用阶段，带有攻击性、侮辱性等，如网络谩骂；第二阶段是语言暴力作用阶段，其能够激发人们的情绪，进而采取相应的行动，如人肉搜索。交互网络时代下，网络语言暴力呈现以下特征：审判意识、匿名环境、放大的视觉和传统媒体的被动。

二、网络语言暴力的传播特征

据《人民日报》报道，网络暴力具有三大显著特点：首先，是以道德的名义、施加惩罚、迫使受害者接受法律的审判；其次，会利用互联网搜索、泄露受害者的个人信息，煽动和组织一些人用暴力手段来攻击受害者；最后，会给受害者造成极大的心理创伤，从而给社会带来不可估量的危害。网络上的舆论有三种：一是争夺道德标准的激烈斗争，一旦获得了这种标准，就会以合理、合法的方式攻击他人；二是没有分辨真伪的社交圈，不做朋友就是敌人；三是煽动者毫无根据地把自己的想法和感受夸大到极致。随着互联网的普及，许多违反伦理道德的行为也随之而生，比如：利用网络搜集和传播个人信息，从而导致网民对其进行攻击；甚至有些网络暴力者会给受害者造成无法挽回的损失。研究表明，网络语言暴力的心理机制可以归结为：童年阴影的激发、自卑感的推动、社会无意识的释放、自我在群体中的失去、从众心理的存在以及广场狂欢式的场景效应。

第四节　网络语言暴力的治理策略

一、建立保护青少年网络机制，重视不良网络文化

有关青少年网络安全保护的信息传播一直备受国内外专家学者的重点关注，尤其是近年来网络语言暴力的事件频频发生。有关此方面的法律监管等一直未能得到进一步的完善，特别是新媒体方面，因此专门性治理法律的完善成为目前亟待解决的问题。本书认为可从建立专门网络暴力法规、儿童少年网络保护机制和倡导网络文明入手，尽量减少网络语言暴力在媒体上的传播。在法律角度可以从以下两个方面入手：

（一）政府完善相关网络暴力的法规

从现行的法律看，我国与互联网相关的法律法规等文件约

有200多部。其主要包括：一是以互联网为内容进行补充，并结合《中华人民共和国刑法》《中华人民共和国未成年人保护法》等；二是以管理法规、保护条例等形式存在，如《互联网电子公告服务管理规定》《互联网信息服务管理办法》。但是缺少专门针对网络暴力行为的相关法律和有关保护青少年网络安全的法规。因此，有必要建立健全网络语言暴力的相关法律，营造良好的网络舆论环境。

首先，以法为核心针对网络语言暴力的传播类型、传播行为主体特征、青少年的权益而制定律法，细化条例规则，对专有新名词范畴进行界定，将流程细节化。例如美国1999年出台了一部限制网络有害信息的《儿童互联网保护法》：该法律规定美国公立学校、图书馆有义务屏蔽对青少年有害的网络信息；有专门针对网络欺凌的法律条规，被称为"梅甘法"，各州分别依据各自地方条件而制定适合本州的法律。

其次，针对目前行政规则的缺失，加快建立网络隐私权、过滤条例和实名制等规则。例如，德国部分网站都必须应用"成人认证系统"，通过输入个人信用卡信息身份证等不同方法来确认访问者的年龄，否则将被视为违法。

（二）专门设立保护青少年网络的机制

目前，我国有3亿多的儿童少年。网络媒介在不同程度上潜移默化地影响着我国的儿童少年。特别是在网络暴力不良文化领域，我国缺少专门的保护儿童网络机制。

第一，政府应成立一个特别保护儿童少年的工作小组，专门开通相关的热线通道，监管有关涉及儿童少年色情、暴力等不良文化等网站。例如，英国积极制定相关的法律来促进问题的解决，如开通网络热线鼓励举报涉及儿童色情等网站；内政部设立儿童网络保护特别工作组；出版应对网络欺凌的指导手册；明确规定网络服务提供商为其网站承载的内容负责。

第二，促进未成年人保护协会、教育专家与法律专家之间交流研讨应对网络不良文化的对策，如日本文部科学省在2006年设立了"建立保护孩子体制的有识者会议"机构，制定保护儿童少年的监审分级制度。根据目前网络暴力情况细化分级管理，对各种类型标准评比，针对青少年的年龄和特征形成分级指导意见，可以尝试在院线、电视、互联网等视频播放平台上予以实施。

第三，发挥政府"晴雨表"的主导功能，加强各协会、行业对网络暴力的引导工作，保护儿童少年的权益。主张行业自律，做好相关的引导工作，充分利用各种社会资源。如美国从2005年起每年11月举办全国性的反欺凌周活动，通过各种宣传活动提高人们对儿童少年网络欺凌问题的重视程度。

二、承担网络监管责任，提高网络自律和责任意识

（一）社会行业积极参与，共同抵制网络暴力

CNNIC第33次中国互联网数据调查研究显示10岁~29岁青少年用户成为手机上网的第一大群体，其中初中学历手机网民占比36.9%。《2013年中国青少年上网行为调查报告》数据显示，中国青少年手机网民规模达2.21亿人，同比增长12.8%；平均每周上网时间达20.7个小时。以上数据表明，儿童少年对于新媒体的依赖性日益增强。面对监管网络不良文化这一重大项目，社会行业应该积极参与，共同抵制网络暴力。

（二）共同承担保护青少年责任，研发应用产品

一是建立未成年多元化的上网监管体系，让政府、学校、家长、电脑等媒体营运商共同承担社会责任。加强各社会行业之间的交流，专门协会可以通过针对网络不良文化对未成年影

响调研,制定应对措施,相关行业辅助实施。二是研发针对未成年人的网络应用产品和服务,满足该群体多样化、个性化的发展需求,并鼓励未成年人拓展商务交易和信息获取等网络应用,从单一的娱乐应用为主向媒介信息和生活助手转移,转移未成年对网络不良文化的注意力,如德国学校联手为学生在网络和手机上安装一种过滤软件。三是扩大网络覆盖范围,提升网络的安全与质量,警惕网络暴力事件的发生,如媒体服务商加强后台操作审核制度,抵制网络不良文化的传播。

三、重视学校道德教育和教师培养

学校是青少年提高科学文化教育、德育教育、性教育、价值观教育等的重要摇篮。在20世纪30年代,欧美等国家和地区开始重视学校的道德教育开展以媒介素养为核心的较成熟的教学模式。媒介素养教育是一项旨在培养和强化受众,特别是儿童少年在获取、分析、评比传播各种媒体信息能力的教育。

(一) 重视道德教育,增设媒介素养教育课程

校方重视学生的道德教育,提高儿童少年的媒介素养能力。在网络暴力频繁发生的网络信息时代,适当借鉴欧美媒介素养课程设置优势,对我国开展媒介素养教育课程,有着一定的积极意义。例如,英国将媒介素养列入国家义务教育教学实践内容,其与英语、艺术、信息课程等结合,以小组合作评价、老师教学等形式呈现,并以青少年对于媒介语言的了解、价值取向等作为评价指标。媒介素养教育的课程基于参与式和体验式来开展素养教学,提高学生对于媒介信息的判断能力与辨识能力,对于减少网络暴力信息有重要的意义。

可以在一线城市如北上广的中学设置媒介素养教育课程的试点,培养一批师资力量和投入先进的设备,以一线城市中学

作为教学试点,增设媒介素养课程,并定期到国外考察培养师资,初步形成具有中国国情的媒介素养的特色教育。接着,以点扩展到面,不断推广教学模式,形成一定的体系基础。

(二)教育局重视教师培养,增设"善良教育"

当地教育局应该统一教师的培训,鼓励学校采取安全应对网络不良文化的干预政策,增强教师对网络不良文化的认知。如英国教育局重视教师在服务管理学生行为上的地位与作用,并拨付专项经费用于教师的培训,帮助教师掌握识别有关欺凌行为与矫正的方法。挪威政府鼓励学校采取安全的干预措施,如制定规则,组建教师职业发展小组,提供心理咨询等,并定期派送人才到欧美学校进修或引进国外优秀人才,为学校之间分享教学模式提供较多的机会。

注重儿童教育,提高孩子的自律意识。预防网络不良文化对孩子产生负面效果,校方对孩子使用互联网的情况进行监督并指导,建议在试点学校增设"善良教育"注重儿童少年的各种课外户外的实践活动。在校外建立实践基地或采用校企合作模式,让儿童少年在基地得到更多的实践机会,加深儿童少年对社会的认知,帮助他们树立正确的人生价值观,接受良好的社会化教育。或举办周末派对、音乐会、运动会等培养学生专长,提升青少年对于自我的认识,同时通过定期交流会促进师生交流,注重学生的多元化智慧发展教育,建立良好的人际关系。如德国重视从源头入手,寻找问题的解决之道,从幼儿园和小学开始,对孩子进行"善良教育",如爱好小动物,同情和帮助弱小者;将道德教育渗透到各项实践活动中,重视学生的自律意识。

四、推动爱的家庭教育，减少孩子沉迷网络的机会

（一）重视孩子的人格培养，警惕孩子沉迷网络

父母应该重视青少年的人格培养，承担起父母角色的相应责任。一是及时了解自己孩子在各个阶段的心理发展特点，选择合适的教育方式与孩子沟通。对孩子上网进行及时监管，解答孩子的疑惑，警惕孩子沉沦在网络不良文化之中，产生网瘾。二是建议家庭设立"亲子家庭日"，带孩子到户外活动，增加与孩子的互动，取得孩子的信任。在家里制定奖励规则，如每天规定上网时间，当天的表现、在家说爱的话语等，针对具体情况设置不同的奖励制度，让孩子在和谐的家庭氛围中受到良好的熏陶。

（二）推动爱的教育，加强沟通

父母重视亲情教育，用爱去教育孩子，培养孩子的能力、思维方式、人生观等。在孩子需要父母时，及时为孩子解决问题，适当对孩子进行监督，警惕孩子出现网瘾综合症，并将爱的教育推广，建议减少孩子独自面对网络的机会。如在家庭设立爱的墙，上面写满今天互相鼓励的话语；父母与孩子一起观看电影或电视；当观看到网络不良信息时，父母应该及时为孩子解答并正确教育。

五、提高自身媒介素养，辩证看待网络语言暴力

（一）增强自我认同，学习优秀同侪

一个人要经历婴幼儿、儿童、少年、青少年和成人五个时期。在生理方面，处于青少年时期的人往往会表现出不安或对社会充满好奇的心理。青少年在这段时期容易表现出迷茫，因此需要得到爱、亲近等各种需求，在心理方面青少年的认知情

感与行为能力发生了变化,容易受到外界因素的影响。特别是近年来,网络暴力事件在各媒介之间盛行。

因此,青少年应该增强自我认同感,学习优秀同侪的特质与价值观,保持积极良好的心态。在本我、自我、超我层面,青少年应该认清自我特性,勇于承受压力,积极面对现实,做一个好榜样。在学习方面,努力学习各种理论知识,勇于挑战与尝试,学会做出选择,提高自我的认知辨别能力。

(二)学会辩证看待,保持理性心态

在当今网络新时代,青少年应当保持理性心态,辨别网络中的真与假,培养良好的媒介素养。学会从辩证的哲学角度去看待网络语言暴力,提高自身的自我辨别能力。任何事情都有一定的矛盾性,包括网络语言暴力。虽然网络语言暴力带给青少年较多的负面影响,但不能否认其正面的部分。我们可能看到网络语言暴力有攻击性、血腥化、暴力语言的一面,但从另一面来看,在受到网络语言暴力影响的过程中,可能我们会从中学会一些保护自我的动作、手势与语言,懂得在适当的时机保护自我,免受伤害。

第八章

网络社会下虚拟社区和虚拟社群的管理研究

第一节 虚拟社区和虚拟社群概述

一、虚拟社区、虚拟社群概念

目前,学界对于虚拟社区这一概念并没有统一的界定。虚拟社区还是要从传统社会学意义上的"社区"出发,是指聚集在一定地域范围内的社会群体和社会组织,根据一套规范和制度结合而成的社会实体,是一个地域性社会生活共同体。[1]网络打破了地缘关系、血缘关系,使得人类交往破除了地域的限制,不同地域、肤色、种族的人相互联结,从而组建了一个"社会",这个"社会"存在着情感的交流甚至现实物质交易,人与人之间接触频繁、互帮互助,形成了一种"虚拟存在"。我们可以把它称作虚拟社区(virtual community),也可叫作网络社区、虚拟社群。

尽管学界对虚拟社区有着种种界定,但不难发现其共性:虚拟的空间、共同的需求、人际互动、不同属性的群体。虚拟空间是群体在网络中交流的场所和平台,社区成员在虚拟平台

---

[1] 参见郑永兰、徐亚清:《网络治理的三重维度:技术、场景与话语》,载《哈尔滨工业大学学报(社会科学版)》2018年第1期。

进行交流，源于其共同的需求。因此，虚拟社区是一种群体关系的总和。

虚拟社区可以定义为：基于计算机网络技术的虚拟空间，它以成员间的人际互动为中心，成员生产社区内容，在人际交流和协作的过程中，成员间建立起一定的关系。

二、虚拟社区、虚拟社群特征及类别

（一）虚拟社区、虚拟社群的特征

作为网络时代的一种标志性新兴产物，虚拟社区是传统意义上的社区概念在网络背景下衍生发展而来的，这也意味着其有着自身的特色，一般来说主要表现在以下几个方面：

1. 跨地域性

地理因素不再成为制约人们活动的重要因素，通过网络打破人际交流的空间距离限制。

2. 去时间性

网络技术结合了实时通信和非实时通信，人们可以通过即时互动、留言等方式摆脱时间限制自由交流。

3. 互为主体性

与传统媒体传播的单向性不同，虚拟社群成员之间可以进行平等的双向沟通，每个成员在传播中都具有主体性。

4. 技术性

虚拟社区的成立依赖于计算机网络技术，虚拟社区要发展，必须有一定的技术来作为支撑。

5. 开放性

网络最大的特点之一在于其开放性，以网络为载体，此特点决定了对其中成员限制较少，一个虚拟社区内可以存在各种不同的群体。因此与传统社区不同虚拟社区成员流动性较大，

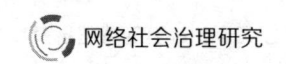

社区的加入与退出具有随意性。

6. 人际关系松散性

虚拟社区成员可以自己选择不同的身份、立场，建立的关系相对不是那么稳定。同时，社区成员一定程度上摆脱了现实世界强大的社会性力量制约，所以虚拟社区的组织和制度处于一种松散状态，维系力量较弱，从而导致人际关系的松散。

7. 虚实结合性

早期虚拟社区并不限制成员是否以实名身份或虚拟身份加入虚拟社区。在国家推行网络实名制之后，类似新浪微博、腾讯等较大的虚拟社区已经实行实名注册，虚拟和现实紧密相连。

8. 共享精神是虚拟社区最大的特点

这继承于共同体的精神，虚拟社区中存在的主要为信息和知识，任何人都能够使用其中的内容。

虚拟社区的这些特点使得它的运作机制和人们在其中的合作机制，不同于传统的现实版的社区，需要我们去认真研究。

(二) 虚拟社区、虚拟社群的类别

Armstrong（阿姆斯特朗）和 Hagel（黑格尔）根据社区形成的原因将虚拟社区分为交易社区、兴趣社区、关系社区和幻想社区。交易社区为物品的交易买卖提供了便利；兴趣社区通过相同的兴趣，把分散在各地但对某一类事物有相同兴趣或特长的人聚集在一起；关系社区中归属感和认同感作为纽带把成员聚集在一起；幻想社区通过为其成员提供一个虚拟空间，使他们能够扮演自己想成为的角色。互联网发展日新月异，不断有新的技术出现，这使得虚拟社区的具体形式变得更加丰富。

三、虚拟社区中的身份管理

虚拟社区中的网民与现实社区中的公民最明显的区别在于

第八章 网络社会下虚拟社区和虚拟社群的管理研究

虚拟社区中的网民是匿名的，大部分人会选择使用与现实生活取名习惯不一样的名称。由于网络社会的匿名性特点，网络秩序成了人们所担忧的一个问题，这种担忧符合常理。社会心理学的研究发现，一个人在一个完全陌生的环境中会产生去人格化（impersonal），而去人格化的个体隐匿掉自己的身份后，社会的监视功能将大大减弱，匿名后的个体摆脱了现实社会的束缚，从而更容易产生过激行为。匿名的网民其行为也与现实生活中的行为有很大区别。

随着社会的发展，在社会城镇化过程中，人们慢慢离开了原来的家庭氏族式、乡村式、人口密度较低的社会环境，进入陌生的、高人口密度的社会环境，人的匿名性也因此而升高。因为商业和政治的发展，社会成员身份确认的需要，从而有了身份证制度、户籍管理制度等社会管理手段，以降低社会成员的匿名性。而网络中去身份化使得网民身份的不确定性增加了。社会心理学的社会认同理论认为，人们会采用自己或他人在此社群的成员资格来建构自己或他人的身份，而依据社群成员资格来建构的身份被称为社会身份（social identity），依据个人的特征而建构的身份被称为个人身份（personal identity）。虚拟社区使得网民社会身份和个人身份的建构有了更大的自由度，现实社会中的各种因素不再对网络虚拟个人身份的建构产生决定性影响，网民可以按照自身意愿进行建构。

虚拟社区身份管理的要点在于公民身份与网民身份的统一，这一类措施在我国的网络管理中并不少见，如最早的网络游戏实名制，各大网站注册时与手机绑定，以及新浪微博实名制，这些都是虚拟社区身份管理的有效措施。

四、虚拟社区中的交往与自我表达

虚拟社区中的交往即社区成员之间的互动。在虚拟社区中的人际互动,利用虚拟的、独创的网络语言和虚拟的表情符号等进行沟通。米德称这种能力为角色领会,一种视他人态度和部署而行动的能力。人类在虚拟社区中正是通过对他人语言、行为、态度的理解进行自我交往,从而建立起虚拟自我的观念和形成群体的规范。虚拟社区成员通过发表帖子回复评论,来构建和认知他人的虚拟身份。

自我表达是公民诉求利益、参与社会的一种重要方式。网民虚拟社区里的自我表达如果涉及社会热点问题,很容易快速传播,并产生很大的舆论影响,进而影响到事件的进展。与传统社区中自我表达不同,虚拟社区里网民自我表达有着其不同的特点:

(一) 内容丰富,信息传播呈现"网状化"

网民的观点存在多元化的特点,对于外界事物的关注点也容易形成自己的看法。在前互联网时代个人表达的信息传播路径是"个人—媒体—个人",个人表达的诉求得不到很好的满足。我国网民表达自我、利益诉求,以微博、论坛等虚拟社区为主要渠道。在互联网世界里,网民通过微博、论坛等进行自我表达,信息传递呈现出"网状化"的特征。

(二) 自我利益诉求与关注社会公共事件并重

虽然网民在虚拟社区里进行自我表达时内容多样,但是网民会持续关注并进行讨论的话题大部分还是与其自身发展相关度高的问题,例如工作、个人发展途径等,社会热点事件也是网民在虚拟社区中自我表达的一个主要话题。对社会热点事件进行讨论时,弱势群体往往容易得到网民的声援,而强势群体则会遭到强烈谴责。网民自身的社会责任感使得他们去关注社会热点事件,网民通常会把自己与弱者联系起来,所以在他们的表达过程中容易出现"抑强扶弱"的情况。这也是网民会关注社会热点事件的重要原因之一。

（三）存在不理性和极端化的倾向

由于网络的匿名性，网民所受约束较少，自我表达易欠缺理性。每当网民们在网上谈及"官二代""富二代"时大多采取一致的声讨口径，即便他们自己可能也知道这样对于那些人来说是不公平的。"群体极化"（polarization）这一概念是美国学者凯斯·桑斯坦提出的，其定义为团体成员一开始即有某些偏向，在商议后，人们朝偏向的方向继续移动，最后形成极端的观点。"群体极化"体现在网民的自我表达中一般表现为网民的观点逐渐变得统一，如果这种观点与事件的真实情况不符，必定会使该事件朝着负面方向发展。

（四）虚拟与现实联系紧密

现实生活中的问题常常能够引发网民在网络空间里进行自我表达，可以说网民的自我表达是现实中存在的问题在网络虚拟世界的映像。网民就现实问题进行热烈的评论、探讨之后，现实问题与网民在虚拟社区的自我表达依旧存在着紧密关联。第一，现实中事件的进展对网民的讨论产生直接影响。第二，网络中的声音同时也对现实问题的进展产生影响，有的时候甚至可以起到决定性的作用。第三，宏观的政策环境也影响着网民在虚拟社区中的自我表达。随着我国民主法治建设，网民在虚拟空间中有了更多的话语权。第四，传统媒体对网民在虚拟空间中的自我表达仍然有着一定程度的影响。首先，网民在网络中进行自我表达的话题部分来自传统媒体所报道呈现的事件。其次，纸媒广播电视等传统媒体与网民对事件的发展也同样起着重要作用。

第二节　虚拟社区和虚拟社群现状与面临的问题

一、虚拟社区、虚拟社群发展现状分析

根据第 52 次《中国互联网络发展状况统计报告》显示，截至 2023 年 6 月我国网民规模达 10.79 亿人，我国手机网民规模达 10.67 亿人，较 2022 年 12 月增加 1109 万人。

博客在国内已经存在多年。随着 SNS 技术的逐渐成熟，博客的使用方法逐渐转移到微博等各类社交平台上。反观博客则越来越向专业化倾斜，例如专业化博主多为学者企业家、各类专家以及精英群体，他们会创作一些专业性比较强的文章。而网民浏览这些内容的时候，也仅仅是把此文章当成一个信息渠道，并不会有太多的交流。

微博作为当下时兴的自媒体平台，自然受到当下网民的推崇，截至 2023 年 6 月我国微博用户规模为 5.99 亿人，其中手机微博用户为 2.58 亿人。

截至 2023 年 6 月，全体网民中有 37.6% 的网民遇到过网络安全问题。我国个人互联网的使用安全严峻。

随着网络技术的不断发展，虚拟社会也在进行创新，例如移动互联网的兴起、社交媒体的崛起、虚拟现实和增强现实技术的应用，数据分析和人工智能的应用等，另外网络物质层面快速发展的背后是互联网对社会的发展产生更为深刻的影响，互联网为社会带来了一次深刻改革，人与人之间的社会联系和人们的生活方式都发生了巨大改变，虚拟社区在不断演进中，为人们提供了更广阔的社交和交流空间。然而，也需要注意虚拟社区中存在的信息安全、隐私保护等问题，以及对用户参与

第八章 网络社会下虚拟社区和虚拟社群的管理研究

度的社区治理的关注。

二、虚拟社区、虚拟社群发展所面临的问题及表现

现实社会与虚拟社区的关系密不可分，虚拟社区被现实社会所影响的同时，其内容公开、成员匿名、社区开放自由等特征也对现实社会起着深刻的反作用，进而改变人们的现实生活。

基于计算机网络技术构建的虚拟社区同样具有现实社会的部分属性，一些虚拟社区成员很容易将网络上的价值观和想法与现实生活中的价值观等同，以致在现实社会不能被理解和接受。过度沉迷虚拟社区还会导致他们现实中人际关系的疏离，在网络中迷失自我。此外，当虚拟社区成员对现实社会问题进行讨论时，由于无法鉴别那些信息的真假，有意或者无意都有可能会造成谣言的传播扩散。当网民在虚拟社区中发布内容时，是以其虚拟身份发布的，受现实社会中的规则束缚很少，靠自身的道德修养来进行自我约束，这远远不够，产生的问题也很多。这些问题总结起来主要有三个方面：

（一）虚拟社区具有很强的开放性及信息内容的共享性

要对网络信息进行完善的监督和管理难度很大，类似环境污染这样的问题越来越严重，如网上出现的各种"门"事件数不胜数。

（二）虚拟社区中的违法问题日益突出

网络虚拟社区是现实社会在计算机网络上的映射和延伸，违法犯罪活动也开始向网络迁移。主要表现在：一是生产并传播虚假有害信息，损害他人名誉；二是通过网络来实施传统的违法犯罪活动，如利用网络进行"黄赌毒"交易、诈骗、传销等；三是通过网络漏洞窃取各类商业机密、国家机密，对网络系统进行攻击，侵犯他人个人隐私、知识产权等。

（三）虚拟社区管理的分散性和无序性

虚拟社区的管理可以从两个层面来看，一是从整个社会层面来看，如何让各类虚拟社区有一个良好的发展秩序；二是从微观层面看，如何使一个虚拟社区管理更加完善、发展更加健康。虚拟社区管理的主体主要有三个：政府、虚拟社区的直接管理人员以及社区成员。从政府角度来说，在虚拟社区管理方面仍然没有形成较为完善的法治法规体系；从虚拟社区管理者的角度来说，虚拟社区的运营管理是否与规范相符，有一部分取决于管理者的个人思想素质水平；虚拟社区的管理还在很大程度上受社区成员个人素质的影响，当发生群体事件时，社区管理者此时采取约束措施并不会有太大效果，这个时候成员的自我约束的作用凸显出来。

三、虚拟社区、虚拟社群群体事件案例分析

虚拟社会中的各种活动是现实社会的一种反映和延伸。虚拟社会中的活动以网络技术为基础，其匿名、自由开放的特点使如何有效管理虚拟社会成为一个我们所面临的问题和挑战。

本书将以"小悦悦事件"为例来分析虚拟社区中的协作对现实世界造成的双重影响。

两岁的小悦悦于 2011 年 10 月 13 日在佛山广佛五金城连续被两辆车碾压，事发后 7 分钟内路过的 18 个人对小悦悦都视而不见，直至一名拾荒者上前对小悦悦施以援手。这件事在网络中曝光后，网友们对那些冷漠的路人展开了猛烈的道德谴责。对当时各大虚拟社区的帖子进行分析后得知，在这次事件中，网友们围绕道德、法律、慈善的讨论最为激烈。人民网强国论坛作为此次网络讨论的主要阵地，网友们在虚拟社区中各抒己见激起了一波"拒绝冷漠 温暖你我"的讨论浪潮，经过社区成

第八章　网络社会下虚拟社区和虚拟社群的管理研究

员的网络协作讨伐，那18名路人禁不住良心的谴责，纷纷主动出来为自己的冷漠行为道歉。网友们在网络虚拟社区中的议论对现实社会也产生了巨大影响，人们开始反思，更愿意去关爱帮助陌生人。在"小悦悦事件"中，网络将素不相识的网友们联结起来，虚拟社区为他们提供了这样一个平台，大家纷纷向小悦悦伸出援助之手。

但是网络协作也存在着不理智的一面。随着事件的进展，网友又在虚拟社区联合起来对小悦悦的父母"口诛笔伐"。小悦悦被送到医院进行治疗之后因伤势过重而离开人世，此时网友们开始将视线转移到小悦悦父母手中的27万捐款上，小悦悦的父亲王持昌成了舆论议论的焦点。此时在虚拟社区中网友都采取批判口径，一致质问王持昌如何处理这笔钱，即使后来王持昌表示会将这笔钱捐给那些更需要帮助的人，网友们还是继续质疑，在承受女儿刚刚死去的痛苦的同时还要承受网友们的言论质疑，对于小悦悦父母来说未免有些残忍。在这种情况下，虚拟社区中的网络协作似乎又因为其匿名性和广泛性，使得网友们可以抱着法不责众的想法而发表一些不负责任和缺乏人文关怀的言论，当这种言论被相互转载多次后就会变成一股巨大的舆论浪潮给当事人造成压力。

可以说"小悦悦事件"是虚拟社区中网络协作的一个典型案例，网络协作的利益都显现出来。对"小悦悦事件"到虚拟社区中的网络协作，分析可以得出正面和负面两方面影响。

1. 虚拟社区中网络协作的正面影响

通过网络协作，网友们可以在虚拟社区中伸张正义，还原事实，扶持弱者。在猫扑论坛上，从"网络虐猫事件""陕西周老虎事件""杭州70码事件"开始，大量网友团结一致，在最短时间内揭露背后真相，那些有悖于道德的事件最容易激起网民的群情激愤。在发生这类事件的时候,网民通常都会站在道德的制高点来发表言论,谴责事件当事人。

可以说弥补现实缺憾、维护社会公平正义等都是虚拟社区中网络协作的优点,然而事物都是一分为二的,网络协作有时也会因为网民的不理智而产生一些消极影响。

2. 虚拟社区中网络协作的负面影响

弱势群体是网络上永远的谈资。在传统媒体上报道过的事件很容易在网络中引起讨论,面对网民各种有意或无意的曲解,被报道者此时往往没有太多的话语权,尤其对于弱势群体来说,他们的社会经济地位使他们没有任何反抗的能力,只能默默承受网络带给他们的二次伤害。"网络暴民"以他们自认为正确的责任感和思想随意对新闻当事人进行不负责任的评论。在虚拟的网络社区中,往往会因为"群体极化"现象给现实世界造成恶劣影响。如果每个网友在发表评论之前都能多花点时间去了解事情的真相,多从当事人的角度去出发,也许就会少一些网络暴力,多一些人文关怀。

第三节 虚拟社区和虚拟社群发展的制约因素与管理策略

一、制约虚拟社区、虚拟社群发展的因素

近年来,虚拟社区在互联网通信技术的支撑下飞速发展,虚拟社区发展到一定阶段也出现了各种制约因素,这些制约因素主要是虚拟社区的管理问题。集中体现在如下方面:

(一)虚拟身份管理问题

在互联网发展初期,虚拟身份剥离了真实身份,使得互联网有了良好的匿名性和开放性。但随着互联网及虚拟社区用户的快速增长，网络虚拟和现实社会之间的联系越来越紧密，现有的虚拟身份管理体系已无法满足现实需要。各类矛盾在网络中凸显出来，经常会有一些用户的过激行为对其他用户造成伤害的现象，加强虚拟身份的管理有利于利用法律法规对相关行为进行规范，更好地保证虚拟社会有序发展。虚拟身份管理已成为解决虚拟社会管理诸多问题的关键一环。

（二）舆论引导与监管问题

目前，互联网的舆论地位不断增强，甚至有超过传统媒体的趋势。[1]由于虚拟社会行为仍缺乏有效的监管，个别人不负责任的行为可能给其他人、其他机构甚至整个社会带来严重伤害。近年来，虚拟社区中谣言四起、各类舆论事件不断，特别是随着微博、微信等社交网络的出现，信息传播速度呈几何级增长。为了确保虚拟社区能够稳定、有序、健康发展，关键问题之一就在于虚拟社区的舆论引导与监督。

二、虚拟社区、虚拟社群管理策略初探

虚拟社区是网民因相同兴趣或需求而聚集起来进行人际互动，从而形成的具有一定社会属性的网络聚集地。虚拟社区要健康有序地发展就必须采用多层次多主体的管理模式。

本书针对虚拟社区中虚拟身份管理、舆论引导、网络信息安全等问题提出如下管理策略：

（一）虚拟身份管理

根据虚拟社区的发展状况，应从以下几个方面强化虚拟身份管理工作：1. 加强统一虚拟身份管理基础设施建设。网络运

---

〔1〕 参见张瑞：《我国网络社会的治理困境及其排解策略研究——兼及公共理性视角》，苏州大学2016年硕士学位论文。

营商要能够独立完成核实、保存和保护用户的身份注册信息。对身份认证信息进行集中管理保障用户个人信息安全，加大虚拟身份管理基础设施的建设力度。2. 加强虚拟身份管理，法律法规是参与行为的重要准则，也是指导虚拟社区如何实现安全、有序管理的重要基础。3. 加强用户意识教育。虚拟社区中所建立的各项规章制度需要社区成员的配合才能发挥作用。强化虚拟社区成员的网络安全和法律观念，为各种网络服务的使用者、提供者和监管者履行各自的职责提供相应的技术或管理手段支持，从源头上解决虚拟社区中可能出现的问题，有利于各项虚拟社会身份管理措施发挥有效作用。

（二）舆论引导与监管

针对基于SNS应用技术的拟社区中舆论传播所现的新特点，应加强虚拟社区中舆论传播的监督引导工作：1. 着重建设重大事件预警能力。对微博、微信等网络平台要重点加强舆论分析与监督，对于突发性的热点事件要及时发现、跟踪。2. 完善信息发布机制，加强舆论引导。当虚拟社区发生重大事件或群体活动时，虚拟社区管理者应根据舆情进展，及时发布相关有效信息。对舆论进行积极引导，掌握舆论的主动权。针对虚拟社区中舆论传播的路径规律，建立一套后台舆论监控机制，提升对虚拟社区的舆论掌控能力。

（三）网络信息安全

从我国的实际情况来看，需从以下两个方面来开展网络信息安全工作：1. 提升网络犯罪检测和取证的技术能力。大力支持网络攻击检测、恶意代码分析、网络取证技术、数据来源追踪等技术手段的研究和相关工具的开发，支持具有自主知识产权的技术工具、设备与系统的推广应用，有效提升网络犯罪的防范、侦查和取证能力。2. 加强针对网络犯罪的法律法规建设。

制定完善的网络行为规范和网络犯罪惩治法律体系,通过规章制度约束网络用户的行为,明确界定违法的网络行为及其需要承担的法律责任。

三、虚拟社区、虚拟社群发展前景展望

在过去的几年里,互联网中社交媒体、社交网站取得了巨大的发展,以网络社交应用为基础建立的虚拟社区也在经历着巨大的变化。虚拟社区属于虚拟社会中的一部分,可以说,虚拟社会今后的发展方向也是虚拟社区的一个发展方向,总结有以下三点:

(一)现实化

社交网络在经历了长足的发展之后,正在朝着现实化发展。换句话说,就是虚拟社会与现实社会将不再是映射与被映射的关系,虚拟社区也将由更真实的人和更真实的人际关系网络组成。

目前国内的很多网站已经呈现出现实化的形态,如新浪微博、微信注册实名制。虚拟社区中的个人身份与现实社会中的个人身份将更加统一地在前台以网名呈现,后台采取实名跟进。从网络发展初期的匿名化到如今推行实名制,网民由初期的完全匿名转到前台匿名后台实名,这使得虚拟社区中各种不负责的言论和行为大大减少,会促使虚拟社区中的交往更为理性。

虚拟社区的不断成熟使部分现实社区开始向互联网迁移,同时,网络虚拟社区也开始了线下实体化,虚实结合更为紧密。虚拟社区中的人际关系也随着虚拟社区朝着线下转化为现实的人际关系。现实化带来的信任感将会对虚拟社区的发展产生巨大的促进作用。

(二)垂直化

随着虚拟社区的发展,信息量呈几何倍数增长,此时虚拟

社区如何增加社区成员的归属感、增加社区的用户黏度,是一个虚拟社区要实现继续发展的重要问题。在虚拟社区发展的这个阶段,成员将更关注内容本身的价值,也更关注自身与谁共同被连接在一个网络中。

所以每个社区成员都在寻找一个具有真正归属感的虚拟社区,在这样的虚拟社区中可以与他人更加顺畅地进行交流,同时,也可对他人的生产内容进行分析、评价。

虚拟社区垂直化发展的目的在于将虚拟社区成员的需求进行细分。市场需求各有不同,任何一个虚拟社区都无法完全满足,但是当虚拟社区着眼于提供专业的服务来满足个别群体需求的时候,社区成员就会愿意留下,会对虚拟社区产生群体情感。虚拟社区只有准确把握自己的定位,突出差异化,才能留住用户。

(三) 移动化

在智能手机普及之后,手机上网已经成为大部分人选择的网络接入方式。虚拟社区在经历了较长时期的发展后,向移动平台迁移是虚拟社区继续发展的重要一步,通过与移动平台结合,使虚拟社区用户产生更强的依赖性。虚拟社区成员将网络上的虚拟人际互动转移到移动平台上,用户可以利用碎片化时间来参与虚拟社区,在时间和空间上都有了更高的自由度。

参考文献

[1] 罗昕:《网络社会治理研究:前沿与挑战》,暨南大学出版社 2020 年版。

[2] 刘文富:《网络社会与公共治理》,中国人民大学出版社 2020 年版。

[3] 刘少杰:《网络社会的结构变迁与演化趋势》,中国人民大学出版社 2019 年版。

[4] 黄悦、刘荣华:《网络暴力的成因及对策探讨》,载《清远职业技术学院学报》2023 年第 3 期。

[5] 单子桐、王静:《网络暴力犯罪治理问题探析》,载《佳木斯大学社会科学学报》2023 年第 2 期。

[6] 高健、王美珍:《新时代网络社会治理共同体构建探析》,载《长春理工大学学报(社会科学版)》2023 年第 2 期。

[7] 李铭志:《网络暴力的刑法规制浅探》,载《黑龙江省政法管理干部学院学报》2023 年第 2 期。

[8] 彭丽徽、蒋欣:《虚拟社区感知视角下用户知识创新行为影响因素研究》,载《现代情报》2023 年第 2 期。

[9] 叶雨佳:《论网络媒体言论自由的规制》,载《湖南警察学院学报》2022 年第 3 期。

[10] 崔林、吴昊:《网络社会治理的理念更新与路径优化》,载《青年记者》2022 年第 3 期。

[11] 孟璐:《网络社会治理的法治范式构建》,载《河南警察学院学报》2022 年第 1 期。

[12] 金晓燕:《基于个体偏好和信念的网络社会治理研究》,载《电子政务》2016 年第 7 期。

[13] 苟仲武:《互联网应建立全新的社会秩序管理体系》,载《海峡科技与产业》2014年第4期。

[14] 令小雄:《自媒体时代的网络秩序》,载《中共济南市委党校学报》2014年第1期。

[15] 孙宇:《互联网治理的模型、话语及其争论》,载《中国行政管理》2017年第5期。

[16] 褚松燕:《中国互联网治理:秩序、责任与公众参与》,载《探索与争鸣》2015年第1期。

[17] 张化冰:《中国互联网治理的困局与逻辑重构》,载《学术研究》2017年第12期。

[18] 章晓英、苗伟山:《互联网治理:概念、演变及建构》,载《新闻与传播研究》2015年第9期。

[19] 张伟、金蕊:《中外互联网治理模式的演化路径》,载《南京邮电大学学报(社会科学版)》2016年第4期。

[20] 孟卧杰:《论我国网络社会治理的三个有效结合》,载《天津行政学院学报》2015年第6期。

[21] 罗昕:《全球互联网治理:模式变迁、关键挑战与中国进路》,载《社会科学战线》2017年第4期。

[22] 张东:《中国互联网信息治理模式研究》,中国人民大学2010年博士学位论文。

[23] 王明国:《全球互联网治理的模式变迁、制度逻辑与重构路径》,载《世界经济与政治》2015年第3期。

[24] 曾润喜、徐晓林:《社会变迁中的互联网治理研究》,载《政治学研究》2010年第4期。

[25] 王益民:《网络强国背景下互联网治理策略研究》,载《电子政务》2018年第7期。

[26] 郑永兰、徐亚清:《网络治理的三重维度:技术、场景与话语》,载《哈尔滨工业大学学报(社会科学版)》2018年第1期。

[27] 金蕊:《中外互联网治理模式研究》,华东政法大学2016年硕士学位论文。

[28] 许亚伟：《中国互联网治理机制研究》，北京邮电大学 2008 年硕士学位论文。

[29] 张瑞：《我国网络社会的治理困境及其排解策略研究——兼及公共理性视角》，苏州大学 2016 年硕士学位论文。

[30] 于施洋等：《中国互联网治理"失序"的负面效应分析》，载《电子政务》2016 年第 5 期。

[31] 方兴东：《中国互联网治理模式的演进与创新——兼论"九龙治水"模式作为互联网治理制度的重要意义》，载《人民论坛·学术前沿》2016 年第 6 期。

[32] 金太军、李娟：《虚拟与现实的互动：网络政治文化的社会作用机理》，载《社会科学研究》2014 年第 3 期。

[33] 高献忠：《社会治理视角下网络社会秩序生成机制探究》，载《哈尔滨工业大学学报（社会科学版）》2014 年第 3 期。

[34] 邓莹：《中国互联网治理理念与能力提升研究》，广西大学 2016 年硕士学位论文。

[35] 谢烨凤：《互联网治理模式研究》，首都经济贸易大学 2018 年硕士学位论文。

[36] 于施洋、杨道玲：《大数据背景下创新政府互联网治理》，载《光明日报》2013 年 3 月 23 日，第 06 版。

[37] 姜军：《网络暴力的界定及刑法规制》，载《网络空间安全》2022 年第 5 期。

[38] 殷子媛：《网络暴力刑法规制困境及对策研究》，载《网络安全技术与应用》2022 年第 8 期。

[39] 童星、罗军：《网络社会：一种新的、现实的社会存在方式》，载《江苏社会科学》2001 年第 5 期。

[40] 郑中玉、何明升：《"网络社会"的概念辨析》，载《社会学研究》2004 年第 1 期。

[41] 范立国、王红斌：《网络虚拟社会的现实化管理问题研究》，载《东北师大学报（哲学社会科学版）》2010 年第 6 期。

[42] 曾润喜等：《中国互联网虚拟社会治理问题的国际研究》，载《电子

政务》2012 年第 9 期。

[43] 赵水忠:《世界各国互联网管理一览》,载《中国电子与网络出版》2002 年第 10 期。

[44] 王国华等:《现实社会与网络虚拟社会融合视角下的社会管理创新——基于国外成功经验的启示》,载《贵州社会科学》2011 年第 11 期。

[45] 江小平:《法国对互联网的调控与管理》,载《国外社会科学》2000 年第 5 期。

[46] 陈丽丽:《论网络社会秩序监控体系的构建——网络监控体系"三三制"模型的提出》,载《现代情报》2010 年第 8 期。

[47] 唐秋伟:《网络治理的模式:结构、因素与有效性》,载《河南社会科学》2012 年第 5 期。

[48] 吕本富:《双向互动:应对社会治理结构网络化的挑战》,载《行政管理改革》2012 年第 11 期。

[49] 谢俊贵:《中国特色虚拟社会管理综治模式引论》,载《社会科学研究》2013 年第 5 期。

[50] 高献忠:《社会治理视角下网络社会秩序生成机制探究》,载《哈尔滨工业大学学报(社会科学版)》2014 年第 3 期。

[51] 王来华主编:《舆情研究概论:理论、方法和现实热点》,天津社会科学院出版社 2003 年版,第 32 页。

[52] 王国华等:《解码网络舆情》,华中科技大学出版社 2011 年版。

[53] 刘毅:《网络舆情研究概论》,天津人民出版社 2007 年版。

[54] 纪红、马小洁:《论网络舆情的搜集、分析和引导》,载《华中科技大学学报(社会科学版)》2007 年第 6 期。

[55] 刘萍萍、汪祖柱:《我国政府应对网络舆情管理的研究综述》,载《情报探索》2012 年第 3 期。

[56] 周如俊、王天琪:《网络舆情:现代思想政治教育的新领域》,载《思想·理论·教育》2005 年第 11 期。

[57] 刘少杰主编:《中国网络社会研究报告 2019》,中国人民大学出版社 2020 年版。

［58］林建宗：《网络媒体社会责任推进机制研究》，载《科学决策》2010年第12期。

［59］闵婉：《法治视域下网络治理的价值平衡模式》，载《湖北社会科学》2016年第9期。